Auraicept na nÉicsíne

Auraicept na nÉicsíne

A first reading book in Old Irish

Harriette Taylor Treadwell

ocus

Margaret Free rod·scríbsat

Francesco Felici dod·rrintai isin Sengoídilc

David Stifter do·rigénai in rremrád

Frederick Richardson ro·rind inna delba

evertype

2023

Arna fhoilsiú ag/*Published by* Evertype, 19A Corso Street, Dundee, DD2 1DR, Alba/*Scotland*. evertype.com.

Bunteideal/*Original title: The Primer: adapted and graded*. Chicago and New York: Row, Peterson & Company, 1910.

Aistriúchán Sean-Gaeilge/*Old Irish translation* © 2023 Francesco Felici. Remrád/*Foreword* © 2023 David Stifter.
An t-eagran seo/*This edition* © 2023 Michael Everson.

Tá taifead catalóige don leabhar seo le fáil ó Leabharlann na Breataine.
A catalogue record for this book is available from the British Library.

ISBN-10 1-78201-316-4
ISBN-13 978-1-78201-316-7

Arna chlóchur in/*Typeset in* Warnock Pro, **Saturday Evening Toast**, & **Beith-Luis-Nion** ag/*by* Michael Everson.

Maisiúcháin/*Illustrations*: Frederick Richardson, 1910.

Clúdach/*Cover*: Eddie Foirbeis Climo, 2009.

Clár Titul

Donaib clandaib becaib
fo·glennat litri.

—H.T.T. ⁊ M.F.

Do Ṡandra.
Is tú m'aí-se cach n-óenlaë.
Bid tú mo chride ⁊ m'animm co bráth.

—F.F.

Remrád

This lovely book is a competent translation by Francesco Felici of a popular early-twentieth-century primer of English into Old Irish, the language spoken in Ireland, the Isle of Man and parts of Scotland in the 8th and 9th centuries. It joins the ranks of a continuously growing number of renderings of modern classics into historical languages spoken in ancient and medieval times.

Some texts are particularly popular among activists of historical languages: the number of translations of Antoine de Saint-Exupéry's *Le Petit Prince* almost surpasses counting; comic books from René Goscinny's and Albert Uderzo's *Astérix* series are evergreens, and, in the German-speaking world, Wilhelm Busch's *Max und Moritz* must not go unmentioned. Among long texts, the attention of translators into the classical languages has been directed particularily towards J. R. R. Tolkien's *The Hobbit*, Lewis Carroll's *Alice's Adventures in Wonderland*, and the early volumes of J. K. Rowling's *Harry Potter* series. Even a translation of Tolkien's *Lord of the Rings* into Old English is currently underway. This list is not meant as a hit parade, but just as a more or less random selection of what has been done, and more can be found in the references at the end of the foreword.

Auraicept na nÉicsíne 'Primer of the Young Scholars' adds to this body of texts a medieval language, Early Irish, that has not been served very well with modern translations so far. Only the Middle Irish version of "A Mad Tea-Party" from Lewis Carroll's *Alice's Adventures in Wonderland*, made by Liam Breatnach and Elizabeth Boyle, springs to mind.

This flurry of historical translations may prompt ostensibly critical contemporaries to ask the question what is the point of creating new texts in historical languages in the first place and who are these publications aimed at. I hardly need to preach to the choir about the intrinsic value of such an undertaking, but let me direct a few words to the sceptical or seemingly practically-minded crowd outside the Church of Historical Languages. I will not speak about the economic viability of these books. There is evidently a market for them, otherwise independent publishers would not publish them. I will rather concentrate on their practical benefits.

For beginners, the appeal of modern texts translated into historical languages lies in the fact that through them they can engage with topics and story-lines that they already know and in world settings that they are familiar with. No foreign environment or exotic world-view of an ancient or medieval text distracts the learners. Being able to anticipate the twists and turns of the plot, they can rather concentrate on the fundamental structures of the language. This makes it easier to pick up the core vocabulary of the target language along the way and it reduces the tediousness of drilling morphological and syntactical structures. A particular strength of comic books is that their illustrations offer a guiding hand in interpreting the context and the progress of the narrative and that through their dialogic structure they provide a better introduction to spoken language and to first and second person forms.

For readers with an advanced knowledge of the target language, the more subtle appeal of translations may lie in the way how the translator expressed modern concepts, or how well-known phrases and tropes from classical texts in the target language have been skillfully woven into the translation.

But, a critical outsider may object, is there any academic value to this activity? The answer to such a question can, of course, only be a resounding yes, forcefully brought home by Francesco's version of this book and by how it grew and evolved. In fact, answers to this question respond to issues of 'academic value' on a whole range of levels.

What most historical languages have in common, especially those before the global spread of printing technology in the 15th and 16th centuries, is that they are underdocumented. Their corpus is limited and there are unfillable, sometimes semantically systematic gaps in their vocabulary, as well as in their morphology, syntax, and idiomatics. A translator into a historical language with so immensely complex a morphology like Old Irish will inevitably be faced with several related, difficult challenges. Through the accidents of transmission, an adequate word or form may not be attested in the extant corpus for comparatively common concepts, and even for concepts where we can be certain that a word must have existed. The situation arises commonly that the translator's academically creative imagination is required to fill a lexical gap; either by replacing a word with something similar (e.g., *lethscrepull* 'half a scruple' for *tuppence*), or by substituting a pragmatically equivalent concept, or, if needs be, by creating a word (e.g., *sordaid* and *strídaid* as onomatopoetic verbs). If the translator is fortunate, the word, even though absent from the historical target language, is continued in a younger descendant, or in a sister or cousin idiom, which allows the reconstruction of how the word *would* or *could* have looked like (e.g., *ettelachán* for 'butterfly'). There are useful side effects to looking at the lexicon from that angle. It forces us to focus on what is not there, whereas in the academic study of historical languages we are usually preoccupied with the words that are found in the extant texts. And it stimulates the creation of mental maps of the semantic fields of the target language and its relatives. On the other hand, digging into the old language in order to find a good translation will occasionally produce unexpected treasures: *céimm* in the meaning 'stile' was unknown to me until Francesco unearthed it in the dictionary, where it is cited from an Old Irish text about the legal stipulations relating to fences.

Mutatis mutandis the same applies to word forms that are missing from the surviving corpus. The logic of the morphological system of the language is usually a reliable guide to construct the desired form. For instance, 'I am flying' is not found in Old Irish, but there is little doubt that the first person singular of the attested verb *luïthir*, which designates the 'flying' of birds, would have been *luür*.

A more complex challenge is the expression of objects or concepts that were unknown when the historical language was spoken, either because they had not been discovered or invented yet or because people had not yet defined or isolated a specific phenomenon. In the present book, Francesco introduces pseudo-Old Irish *sinnsér*, following the phonology of Modern Irish *sinséar*, even though the plant 'ginger' was unknown in early medieval Ireland. I want to illustrate the issue with further examples from my own regular endeavours to translate the lyrics of Joy Division songs into Old Irish. This has taught me time and again that notions that are so trivial to us that they have filtered through into the most casual everyday parlance, often find no adequate counterpart in Old Irish at all, or that the medieval Irish were not even aware of the concept. For instance, there are no equivalent words for 'illusion', 'ambition' or 'hypnotic', but some sort of paraphrase is needed to get close to the intended meaning. I picked *condalbae* 'affection for kindred' as the closest equivalent to 'sympathy'; for a medieval Irish person, kind feelings were primarily reserved for the family (but note that even the English word *kind* is etymologically connected with *kin*). While this may not be so unexpected for culture-specific abstractions (note that a concept like 'ambition' with all its concomitant notions is specific to our own culture), it may come as more of a surprise that 'mask' or 'play' (in the performative theatrical sense) or even so innocuous a term as 'picture' do not have a straightforward equivalent in Old Irish. Either these were not items of their world, or, for instance in the case of 'picture', we cannot say with certainty if they had any more specific designator for it than *delb* 'shape, likeness'.

From a rigorous academic point of view, is it legitimate to invent new words for dead languages at all? This straw-man question involves a rhetorical trick. I have silently introduced the premise that a language such as Old Irish is dead. But this is a popular misconception. Like many other historically attested languages, Irish is still very vibrant, but what was once Old Irish has organically transformed into another shape, that of the modern Gaelic languages. Irish has been passed on in an unbroken sequence from one generation to the next since the early middle ages, continuously undergoing small changes along the way so that Modern Irish not only looks different from its sister Scottish Gaelic, but both have structurally far evolved from Old Irish. But along that way down the centuries, Irish never became "dead". What is true, though, is that Old Irish as we know it from texts of the 8th century is no longer actively used as a community language. However, it is still learned, studied and read all around the world.

Neither is Latin dead, but dialectally diversified Late Modern Latin is spoken all across South and Central America, large swathes of Africa, and even on the southern and western rim of Continental Europe descendants of Latin have been able to hold out against the expansion of Germanic and Slavic. In fact, one of those local idioms, the Tuscan variant Pisano-Livornese, is the native tongue of Francesco Felici.

Only when the intergenerational transmission of a language from the parents to the children has been severed, does a language cease to live. But even then, its fate is not sealed. With an effort, a language can be brought back to the community, as has happened in the case of Cornish. Or it can at least be brought back to the attention and interest of people, even when the very fact of its existence had been unknown for centuries or even millennia, as is the case with languages such as Hittite, Tocharian, or Tangut. Languages are only ever truly extinct when they pass into oblivion and when the books about them have been closed for the last time, never to be opened again, and when all passion for them has vanished.

It is therefore a sign of a very healthy enthusiasm for a historical language when new texts in it, original or translated, are being produced. If, now and then, a word has to be created in order to convey a concept that had not occurred to its native speakers more than a thousand years ago, this just goes to show that Old Irish is not a dead language. I don't want to be misunderstood: actively used Old Irish of the 21st century is a different language from the historically attested early-medieval one. It is based on the latter, but it also draws its inspiration and life from other sources, not least from the living environment of contemporary students. In order to immerse oneself in the historical minds, cultures and worlds, modern translations are no substitutes for engaging with the authentic thing, and it is vital to study original texts. But modern translations into historical languages can be a first step in the right direction.

The benefits of this book for the readers are manifold. Harriette Taylor Treadwell and Margaret Free's English *Primer* from the beginning of the 20th century has many qualities that make it equally suitable for beginners in Old Irish in the 21st century. The vocabulary is very limited, the syntax is basic, and the conspicuous style of the tales, which marries variation with repetition, means that the same words, for example verbs, occur in a variety of persons, tenses, and diatheses. This helps learners to familiarize themselves with the regular morphological alternations of the language. It hardly needs to be stressed how important this is for a morphologically so exacting language like Old Irish.

Francesco Felici is an accomplished translator with years of experience in making literature in smaller languages available to audiences in other languages. He has here succeeded not only in creating a spirited translation of the tales, but it is also a hopeful sign of more to come, and, perhaps, of Old Irish coming into a new bloom. In the 8th century, an Irish scholar sat down and wrote a programmatic handbook about his native language Old Irish with the title *Auraicept na nÉces* 'Primer of the Scholars'. In the 21st century, students learning this very Old Irish language, may take up *Auraicept na nÉicsíne* 'Primer of the Young Scholars' to take a little bit of weight from their shoulders on their arduous road to mastery.

David Stifter

Further reading

Baker, Peter S. 2015. "On Writing Old English", in *Studies in Medieval and Renaissance Teaching* 22/2, pp. 31–40.

Boyle, Elizabeth. 2015. "*Feis Mire*: A Feast of Madness: The Mad Hatter's Ale-Feast in Medieval Irish", in: *Alice in a World of Wonderlands. The Translation of Lewis Caroll's Masterpiece.* Volume One. The Essays. Editors Jon A. Lindseth, Alan Tannenbaum. New Castle, DE: Oak Knoll Press, pp. 384–386.

Carroll, Lewis. 2013. *The Aventures of Alys in Wondyr Lond.* Translated into Middle English verse by Brian S. Lee. Illustrated by Byron W. Sewell. Portlaoise: Evertype.

——. 2015a. *Æðelgýðe Ellendǽda on Wundorlande.* Translated into Old English by Peter S. Baker. Illustrated by Byron W. Sewell. Portlaoise: Evertype.

——. 2015b. *Balþos Gadedeis Aþalhaidais in Sildaleikalanda.* Translated into Gothic by David Alexander Carlton. Illustrated by Byron W. Sewell. Portlaoise: Evertype.

———. 2017. *La geste d'Aalis el Païs de Merveilles*. Translated into Old French verse by May Plouzeau. Illustrated by Byron W. Sewell. Portlaoise: Evertype.

Görlach, Manfred. 1986. "Diachronic Translation, or: Old and Middle English Revisited", in *Studia Anglica Posnaniensia* 18, pp. 15–35.

Kemmler, Fritz. 2022. "Ge wordful, ge wordig: Translating Modern Texts into Old English", in: *Old English Medievalism. Reception and Recreation in the 20th and 21st Centuries*. Edited by Rachel A. Fletcher, Thijs Porck, Oliver M. Traxel, Woodbridge: Boydell & Brewer, pp. 173–190.

Meyer, Robin. 2020. "Curtain call for Latin", in *The Linguist* 59/1, pp. 22–23.

Piechnik, Iwona. 2018. "Noms modernes dans les langues anciennes: *Le Petit Prince* dans trois versions latines et en ancien français", in Renata Krupa & Iwona Piechnik (eds.), *Saint-Exupéry relu et traduit*. Kraków: Biblioteka Jagiellońska, pp. 81–56.

Ruszkiewicz, Dominika. 2018. "'Chaque jour j'apprenais quelque chose': using *Le Petit Prince* and its translations to teach old and modern languages", in Renata Krupa & Iwona Piechnik (eds.), *Saint-Exupéry relu et traduit*. Kraków: Biblioteka Jagiellońska, pp. 157–169.

Traxel, Oliver M. 2011. Review of translations of *Le Petit Prince*, in *Perspicuitas*.

Attluǵud Buide

This book is the first of its kind. A daring attempt to try to start to fill a gap, that is the lack of reading materials for advanced beginners of Old Irish. Being the first of its kind, the original idea had no preexisting tradition to lean on, no preexisting template to follow, no preexisting niche to find shelter in. With all its virtues and vices, *Auraicept na nÉicsíne* had to create its own path, its own niche. The burning enthusiasm that often keeps me awake at night would not have been enough to make it happen. Not without the support of people who believed in such a project, and who did their best to allow it to see the light of day.

First of all I want to thank David Stifter (Maynooth University), my master and mentor, for his continuous, patient, and priceless assistance at every stage of this work, for believing in my unconventional Old Irish language projects and supporting them with enthusiasm and involvement, but also for being a guide, the best guide I could hope for, whose perfect balance of passion and rationality keeps me always strongly motivated without allowing me to get lost in a *mare magnum* of unrealizable, if not unrealistic, ideas.

My deepest thanks furthermore go to Siobhán Barrett (Maynooth University), Aaron Griffith (Utrecht University), Elliott Lash (University of Göttingen), and Fangzhe Qiu (University College Dublin) for taking the time to read the manuscript and give me their invaluable help and advice about grammatical and lexical aspects of the Old Irish language.

I am also deeply grateful to Michael Everson of Evertype, who accepted this project with no hesitation. Without his open-mindedness, passion, and dedication, this book would just not exist.

A last, but very special, thank to my friend Fergal Tierney, language enthusiast and brilliant language learner, for his insights on the nuances of the English text and his patience in answering my sometimes trivial, sometimes contorted questions.

Thanks, to all of you, from the depth of my heart, for supporting this attempt to make the reading of Old Irish a bit more approachable and accessible to advanced beginners. I really hope I have been able, in my small way, to contribute to a more friendly and less scaring perception of Old Irish and that, while going through this booklet, learners, after their hard work on grammar rules and structures, will begin to perceive it for what it really was, and still is: a vibrant language pulsating with life.

Ad·tluchur buidi dúib!

Francesco Felici
31 March 2023

In Cherc Bec Derg

Ar·ánaic in cherc bec derg gráinni.

Ba gráinne bec.

Ar·ánaic in cherc bec derg gráinni.

Ba gráinne chruithnechtae.

Ar·ánaic in cherc bec derg gráinni.

Ba gráinne chruithnechtae.

As·bert in cherc bec derg:

"Cía fo·chicherr in ngráinni?"

As·bert in cherc bec derg:

"Cía fo·chicherr in ngráinni?"

As·bert in mucc: "Ní meisse."

As·bert in catt: "Ní meisse."

As·bert in cú: "Ní meisse."

As·bert in cherc bec derg:

"Bid meisse foda·cicherr."

As·bert in cherc bec derg:

  "Cía biäs in cruithnecht?"

As·bert in mucc: "Ní meisse."

As·bert in catt: "Ní meisse."

As·bert in cú: "Ní meisse."

As·bert in cherc bec derg:

  "Bid meisse trá noda·biï."

⁊ nos·mbí.

As·bert in cherc bec derg:

"Cía do·fïärr in cruithnecht?"

As·bert in mucc: "Ní meisse."

As·bert in catt: "Ní meisse."

As·bert in cú: "Ní meisse."

As·bert in cherc bec derg:

"Bid meisse trá doda·fïärr."

⁊ dos·n-ort.

As·bert in cherc bec derg:

"Cía mélas in cruithnecht?"

As·bert in mucc: "Ní meisse."

As·bert in catt: "Ní meisse."

As·bert in cú: "Ní meisse."

As·bert in cherc bec derg:

"Bid meisse trá noda·méla."

⁊ nos·mmelt.

As·bert in cherc bec derg:

"Cía do·géna in mbairgin?"

As·bert in mucc: "Ní meisse."

As·bert in catt: "Ní meisse."

As·bert in cú: "Ní meisse."

As·bert in cherc bec derg:

"Bid meisse trá doda·géna."

⁊ dos·ngénai.

As·bert in cherc bec derg:

"Cía ísas in mbairgin?"

As·bert in mucc:

"Is meisse noda·ísa."

As·bert in catt: "Is meisse noda·ísa."

As·bert in cú: "Is meisse noda·ísa."

As·bert in cherc bec derg:

"Nídat sissi ístae in mbairgin.

Is meisse noda·ísa."

⁊ dos·fúaid.

Ar·ánaic in cherc bec derg gráinni.

Ba gráinne chruithnechtae.

As·bert-si:

"Cía fo·chicherr in cruithnecht?

Cía biäs in cruithnecht?

Cía do·fiärr in cruithnecht?

Cía mélas in cruithnecht?

Cía do·géna in mbairgin?"

As·bert in mucc: "Níba meisse."

As·bert in catt: "Níba meisse."

As·bert in cú: "Níba meisse."

As·bert in cherc bec derg:

"Nídat sissi trá ístae in mbairgin."

In Macc Bairgine Sinnséir

Boí senben bec.

Boí senḟer bec.

Boí catt ocint ṡenmnaí bic.

Boí mucc ocint ṡenḟiur biuc.

Ba macc a n-accobor lasin senmnaí
mbic.

Ba macc a n-accobor lasin senḟer
mbec.

As·bert int ṡenben bec: "Do·gén-sa
macc mbairgine sinnséir."

Do·génai didiu macc mbairgine
sinnséir.

Ráith úadaib in macc bairgine

   sinnséir.

Ráith ónt ṡenmnaí bic.

Ráith ónt ṡenḟiur biuc.

No·reithed ⁊ no·reithed ⁊ no·reithed.

Catt trá ara·n-ánaic in macc bairgine

sinnséir.

As·bert-som:

"Am macc-sa bairgine sinnséir,

is meisse ém, is meisse ém,

is meisse ém.

Ro·ráth ónt ṡenmnaí bic.

Ro·ráth ónt ṡenḟiur biuc.

Ro·riuth úait-siu.

Ro·riuth, ro·riuth, ro·riuth."

꒛ no·reithed ꒛ no·reithed ꒛ no·reithed.

Mucc trá ara·n-ánaic in macc

bairgine sinnséir.

As·bert-som:

"Am macc-sa bairgine sinnséir,

   is meisse ém, is meisse ém,

   is meisse ém.

Ro·ráth ónt ṡenmnaí bic.

Ro·ráth ónt ṡenḟiur biuc.

Ro·ráth ón chatt.

Ro·riuth úait-siu.

Ro·riuth, ro·riuth, ro·riuth."

⁊ no·reithed ⁊ no·reithed ⁊ no·reithed.

Cú trá ara·n-ánaic in macc bairgine

sinnséir.

As·bert-som:

"Am macc-sa bairgine sinnséir,

is meisse ém, is meisse ém,

is meisse ém.

Ro·ráth ónt ṡenmnaí bic.

Ro·ráth ónt ṡenḟiur biuc.

Ro·ráth ón chatt.

Ro·ráth ón muicc.

Ro·riuth úait-siu.

Ro·riuth, ro·riuth, ro·riuth."

⁊ no·reithed ⁊ no·reithed ⁊ no·reithed.

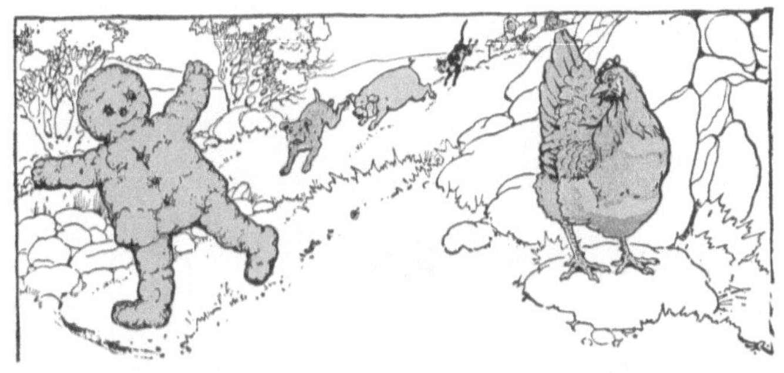

Cerc trá ara·n-ánaic in macc

bairgine sinnséir.

19

As·bert-som:

"Am macc-sa bairgine sinnséir,

is meisse ém, is meisse ém,

is meisse ém.

Ro·ráth ónt ṡenmnaí bic.

Ro·ráth ónt ṡenḟiur biuc.

Ro·ráth ón chatt.

Ro·ráth ón muicc.

Ro·ráth ón choin.

Ro·riuth úait-siu.

Ro·riuth, ro·riuth, ro·riuth."

⁊ no·reithed ⁊ no·reithed ⁊ no·reithed.

Sinnach trá ara·n-ánaic in macc

bairgine sinnséir.

As·bert-som:

"Am macc-sa bairgine sinnséir,

is meisse ém, is meisse ém,

is meisse ém.

Ro·ráth ón chirc.

Ro·ráth ón choin.

Ro·ráth ón muicc.

Ro·ráth ón chatt.

Ro·ráth ónt ṡenmnaí bic.

Ro·ráth ónt ṡenḟiur biuc.

Ro·riuth úait-siu.

Ro·riuth, ro·riuth, ro·riuth.”

⁊ no·reithed ⁊ no·reithed ⁊ no·reithed.

As·bert in sinnach:

“Ro·reith-siu ónt ṡenmnaí bic.

Ro·reith ónt ṡenḟiur biuc.

Ro·reith ón muicc.

Ro·reith ón choin.

Ro·reith ón chatt.

Ro·reith ón chirc.

Acht ní·roraith ónt ṡinnach.

Not·ís-sa."

⁊ da·fúaid-som.

Boí senben bec.

Boí senḟer bec.

Ba macc a n-accobor lasin senmnaí

mbic.

Ba macc a n-accobor lasin senḟer mbec.

Do·génai-si didiu macc mbairgine

sinnséir.

Ráith úadaib in macc bairgine sinnséir.

Ráith ónt ṡenmnaí bic.

Ráith ónt ṡenḟiur biuc.

Ráith ón muicc.

Ráith ón chatt.

Ráith ón choin.

Ráith ón chirc.

Ní·ráith ónt ṡinnach.

Int Ṡenben 7 in Mucc

Ar·ánaic senben screpull.

Ba mucc a n-accobor leë.

As·bert-si:

  "Ro·crenaimm muicc.

  Ro·crenaimm muicc cosin scripull."

ꝛ nos·cíuir.

Ro·ánaic in mucc céimm.

As·bert int ṡenben

"A mucc, a mucc,

eirg tarsa céimm!"

As·bert in mucc:

"Ní·reg-sa tarsa céimm."

⁊ ráith-side úadi.

Ráith ónt ṡenmnaí.

Ar·ánaic int ṡenben coin.

As·bert-si:

"A chú, a chú, gaib in mmuicc!

Ní·rega in mucc tarsa céimm,

⁊ ní·riciub-sa mo thech innocht."

As·bert in cú:

"Ní·géb-sa in mmuicc."

Ar·ánaic int ṡenben slaitt.

As·bert-si:

  "A ṡlatt, a ṡlatt, ben in coin!

  Ní·géba in cú in mmuicc.

  Ní·rega in mucc tarsa céimm,

  ⁊ ní·riciub-sa mo thech innocht."

As·bert int ṡlatt:

  "Ní·biü-sa in coin."

Ar·ánaic int ṡenben teinid.

As·bert-si:

"A theine, a theine, loisc in slaitt!

Ní·biï int ṡlatt in coin.

Ní·géba in cú in mmuicc.

Ní·rega in mucc tarsa céimm,

⁊ ní·riciub-sa mo thech innocht."

As·bert in teine:

"Ní·loisciub-sa in slaitt."

Ar·ánaic int ṡenben uisce.

As·bert-si:

"A uisci, a uisci, báid in teinid!

Ní·loiscfea in teine in slaitt.

Ní·biï int ṡlatt in coin.

Ní·géba in cú in muicc.

Ní·rega in mucc tarsa céimm,

⁊ ní·riciub-sa mo thech innocht."

As·bert int uisce:

"Ní·báidiub-sa in teinid."

Ar·ánaic int ṡenben dam.

As·bert-si:

"A daim, a daim, ib in n-uisce!

Ní·báidfea int uisce in teinid.

Ní·loiscfea in teine in slaitt.

Ní·biï int ṡlatt in coin.

Ní·géba in cú in muicc.

Ní·rega in mucc tarsa céimm,

⁊ ní·riciub-sa mo thech innocht."

As·bert in dam:

"Ní·íb-se in n-uisce."

Ar·ánaic int ṡenben féoldénmaid.

As·bert-si:

"A ḟéoldénmaid, a ḟéoldénmaid,

marb in ndam!

Ní·íba in dam in n-uisce.

Ní·báidfea int uisce in teinid.

Ní·loiscfea in teine in slaitt.

Ní·biï int ṡlatt in coin.

Ní·géba in cú in muicc.

Ní·rega in mucc tarsa céimm,

⁊ ní·riciub-sa mo thech innocht."

As·bert in féoldénmaid:

"Ní·mairbiub-sa in ndam."

Ar·ánaic int ṡenben lomain.

As·bert-si:

"A loman, a loman,

   tacht in féoldénmaid!

Ní·mairbfea in féoldénmaid

   in ndam.

Ní·íba in dam in n-uisce.

Ní·báidfea int uisce in teinid.

Ní·loiscfea in teine in slaitt.

Ní·biï int ṡlatt in coin.

Ní·géba in cú in muicc.

Ní·rega in mucc tarsa céimm,

⁊ ní·riciub-sa mo thech innocht."

As·bert ind loman:

"Ní·tachtub-sa in féoldénmaid."

Ar·ánaic int ṡenben lochaid frangcaig.

As·bert-si: "A luch ḟrangcach,

a luch ḟrangcach, cnaí in llomain!

Ní·tachtfa ind loman

in féoldénmaid.

Ní·mairbfea in féoldénmaid

in ndam.

Ní·íba in dam in n-uisce.

Ní·báidfea int uisce in teinid.

Ní·loiscfea in teine in slaitt.

Ní·biï int ṡlatt in coin.

Ní·géba in cú in muicc.

Ní·rega in mucc tarsa céimm.

⁊ ní·riciub-sa mo thech innocht."

As·bert ind luch frangcach:

"Tabair gruth dom

co·cná-sa in llomain."

Fo·fúair int ṡenben gruth.

Da·mbert-si dond lochaid frangcaig.

Gabais ind luch ḟrangcach cnám
  inna lomnae.
Gabais ind loman tachtad
  ind ḟéoldénmado.
Gabais in féoldénmaid marbad
  in daim.
Gabais in dam oöl ind uisci.
Gabais int uisce bádud in teined.
Gabais in teine loscud inna slaitte.
Gabais int ṡlatt béimm in chon.
Gabais in cú gabáil inna muicce.
Luid in mucc tarsa céimm,
  ⁊ ro·ánaic int ṡenben a tech
    in n-aidchi-sin.

In Macc
7 in Gabor

Boí gabor oc macc biuc.

Ráith úad in gabor.

Ráith isin fid.

Ar·ánaic fér.

Ba accobor leis gelt ind féuir.

Ba accobor lasin mmacc mbec techt

   dia thaig.

As·bondad in gabor techt dia thaig.

As·bert in macc bec:

   "Ní·digthimm dom thaig.

   Ro·ráith mo gabor isin fid.

   As·boind-som techt dia thaig."

Gabais in macc coí.

Do·ánaic pattu.

As·bert-som:

"Cid ara·cí, a maicc bic?"

As·bert in macc:

"Ciü-sa húaire ro·rráith úaimm

mo gabor.

Ro·ráith isin fid.

As·boind-som techt dia thaig."

As·bert in pattu:

"Ná·cí, a maicc bic!

Con·icimm dul dia thaig

don gabur."

Ráith in pattu isin fid.

Ráith i ndegaid in gabuir.

As·bondad in gabor techt dia thaig.

Gabais didiu in pattu coí.

Do·ánaic íaru.

As·bert-si:

"Cid ara·cí, a phattu bic?"

As·bert in pattu:

"Ciü-sa húaire ciäs in macc bec.

Cïid in macc bec húaire

nád·rrega in gabor dia thaig."

As·bert ind íaru:

"Ná·cí, a maicc bic!

Con·icimm dul dia thaig

don gabur."

Ráith ind íaru isin fid.

Ráith i ndegaid in gabuir.

As·bondad in gabor techt dia thaig.

Gabais didiu ind íaru coí.

Do·ánaic sinnach.

As·bert-som:

"Cid ara·cí, a íaru bec?"

As·bert ind íaru:

"Ciü-sa ar ciäs in pattu.

Cïid in pattu húaire ciäs in macc.

Cïid in macc húaire nád·rrega

in gabor dia thaig."

As·bert in sinnach:

"Ná·cí, a maicc bic!

Con·icimm dul dia thaig

don gabur."

Ráith in sinnach isin fid.

Ráith i ndegaid in gabuir.

As·bondad in gabor techt dia thaig.

Gabais didiu in sinnach coí.

Do·ánaic bech bec oc luüd.

As·bert-som:

   "Cid ara·cí, a ṡinnaig bic?"

As·bert in sinnach:

   "Ciü-sa húaire ciäs ind íaru.

   Ciïd ind íaru húaire ciäs in pattu.

   Ciïd in pattu húaire ciäs in macc.

   Ciïd in macc húaire nád·rrega

      in gabor dia thaig."

As·bert in bech bec:

"Ná·cí, a maicc bic!

Con·icimm dul dia thaig

don gabur."

Tibis in sinnach co·n-eipert:

"Ní·cumcu-sa dul dia thaig

don gabur.

In·cumcaba bech bec a dul

dia thaig?"

No·tibed in sinnach íarum

⁊ no·tibed ⁊ no·tibed.

Luid in bech bec oc luüd isin fid.

As·bert-som: "Dorrrrrd, dorrrrrd."

As·bert in gabor:

  "Cailgid in bech. Riuth-sa!"

Ráith in gabor dia thaig.

Tibis didiu in macc bec.

As·bert-som:

  "Ad·tluchur buidi duit,

    a beich bic."

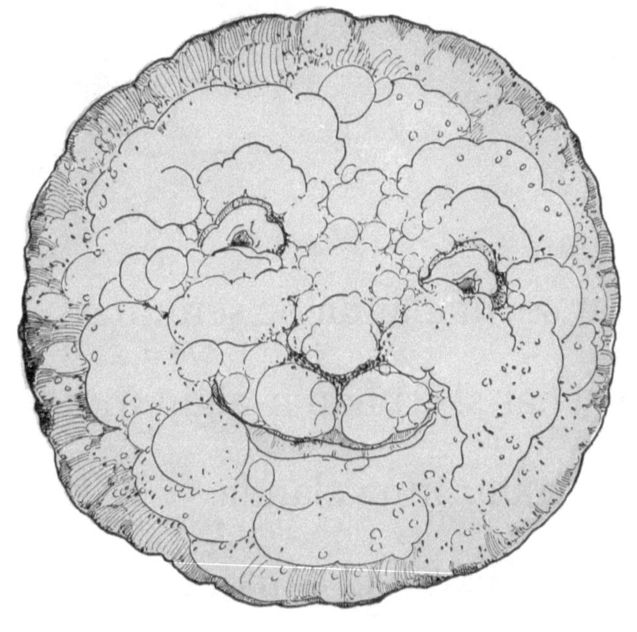

In Srubán Aigín

Bátar secht clanda oc senmnaí.

Do·génai-si srubán n-aigin mór.

As·bertatar inna clanda:

   "In srubán mór-sin dúnn!"

Co·cúalae in srubán aigin inna clanda.

As·bert-som:

   "Nacham·ethat inna clanda!"

⁊ imm·soí úadaib.

Ráith int ṡenben i ndegaid

  int ṡrubáin aigin.

Ráthatar inna secht clanda

  ina degaid.

As·bert int ṡenben:

  "An, a ṡrubáin aigin!

Is accobor th'ithe lam chlanda."

As·bert in srubán aigin:

  "Ní·ainiub frit-su."

⁊ imm·soí úadi.

Co·n-accae senḟer in srubán n-aigin.

As·bert-som:

"Día do bethu, a ṡrubáin aigin."

"Día do bethu, a ṡenḟir,"

ol in srubán aigin.

"An!" ol in senḟer.

"Nábad déinithir sin imm·soí-siu!

Is accobor th'ithe lemm."

As·bert in srubán aigin:

"Ní·ranus frisin senmnaí,

ní·ranus frisna secht clanda,

ní·ainiub frit-su."

⁊ imm·soí úad.

Imm·soäd ⁊ imm·soäd ⁊ imm·soäd.

Co·n-accae cerc in srubán n-aigin.

As·bert-si:

"Día do bethu, a ṡrubáin aigin."

"Día do bethu, a cherc,"

ol in srubán aigin.

"An, a ṡrubáin aigin!"

ol in cherc.

"Nábad déinithir sin imm·soí-siu!

Is accobor th'ithe lemm."

As·bert in srubán aigin:

"Ní·ranus frisin senmnaí.

Ní·ranus frisna secht clanda.

Ní·ranus frisin senḟer.

Ní·ainiub frit-su."

⁊ imm·soí úadi.

Imm·soäd ⁊ imm·soäd ⁊ imm·soäd.

Co·n-accae cailech in srubán n-aigin.

As·bert-som:

"Fo chen duit, a ṡrubáin aigin."

"Día do bethu, a chailig,"

ol in srubán aigin.

"An!" ol in cailech.

"Nábad déinithir sin imm·soí-siu!

Is accobor th'ithe lemm."

As·bert in srubán aigin:

"Ní·ranus frisin senmnaí.

Ní·ranus frisna secht clanda.

Ní·ranus frisin senfer.

Ní·ranus frisin circ.

Ní·ainiub frit-su."

⁊ imm·soí úad.

Imm·soäd ⁊ imm·soäd ⁊ imm·soäd.

Con·n-accae macc in srubán n-aigin.

"An! An!" ol in macc.

   "At srubán aigin mór-su.

   Is accobor th'ithe lemm."

As·bert in srubán aigin:

   "Ní·ranus frisin senmnaí.

   Ní·ranus frisna secht clanda.

Ní·ranus frisin senḟer.

Ní·ranus frisin circ.

Ní·ranus frisin cailech.

Ní·ainiub frit-su."

⁊ imm·soí úad.

Imm·soäd ⁊ imm·soäd ⁊ imm·soäd.

Co·n-accae cú in srubán n-aigin.

"An! An!" ol in cú.

"At srubán aigin mór-su.

Is accobor th'ithe lemm."

As·bert in srubán aigin:

"Ní·ranus frisin senmnaí,

Ní·ranus frisna secht clanda,

Ní·ranus frisin senfer,

Ní·ranus frisin cailech

Ní·ranus frisin circ,

Ní·ranus frisin mmacc,

Ní·ainiub frit-su."

⁊ imm·soí úad.

Imm·soäd ⁊ imm·soäd ⁊ imm·soäd.

Ro·ánaic in srubán aigin in fid.

Co·n-accae mucc in srubán n-aigin.

"Fo chen duit," ol in mucc.

"Día do bethu," ol in srubán aigin.

"Nábad déinithir sin imm·soí-siu!"

  ol in mucc.

"Rega-sa isin fid lat."

As·bert in srubán aigin:

"Ad·tluchur buidi duit. Rega lat."

Lotar didiu isin fid.

Ro·áncatar sruth.

As·bert in mucc:

"Ro·snáu-sa in sruth."

"Ní·cumcu-sa snám,"

ol in srubán aigin.

"Ní·digthimm-se isin n-uisce."

As·bert in mucc:

"Tair form ṡrúb,

⁊ na·snáüb-sa lat."

Luid in srubán aigin for srúb inna

muicce.

As·bert in mucc:

"Oínc, oínc! At srubán aigin

blastae-siu."

⁊ da·fúaid-som.

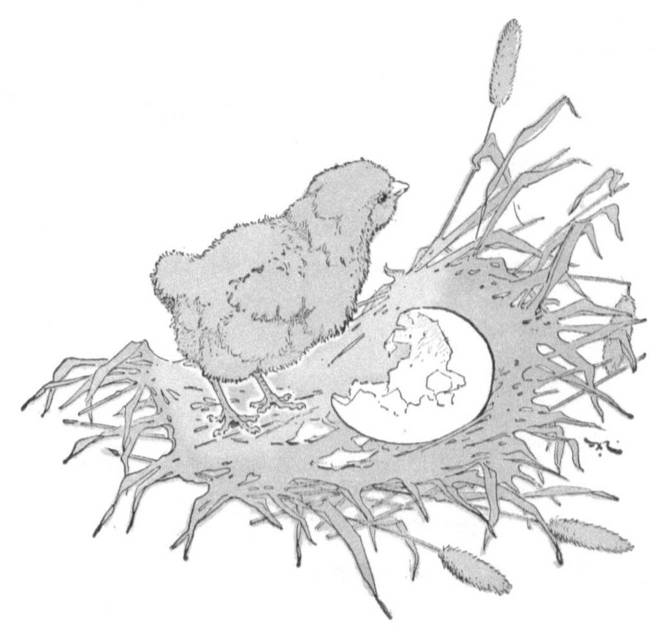

Éiréne Bec

Boí Éiréne Bec isind fiud.

Do·cer gráinne fora erball.

As·bert Éiréne Bec:

"Maidid a nnem form.

Riuth-sa!"

Ar·ánaic Éiréne Bec Circ n-Eirc.

As·bert-som:

   "Maidid a nnem fornn,

      a Cherc Erc."

As·bert Cerc Erc:

   "Cía·fetar-su, a Éiréni Bic?"

As·bert Éiréne Bec:

   "Do·rochair ní dé form erball."

"Retham-ni!" ol Cerc Erc.

"Retham ⁊ at·fiadam dond ríg!"

Ar·áncatar-som Cailech Frangcach
Fograch.

As·bert Cerc Erc:

"Maidid a nnem fornn,
a Chailig Ḟrangcaig Ḟograig."

"Cía·fetar-su, a Cherc Erc?"

"At·chuäid Éiréne Bec dom."

"Cía·fetar-su, a Éiréni Bic?"

"Is aicsiu ad·condarc-sa úam

    súilib feisin.

    Is clúas ro·cúala-sa úam

    chlúasaib feisin.

    Do·rochair ní dé form erball."

As·bert Cailech Frangcach Fograch:

    "Retham-ni!

    Retham ⁊ at·fiadam dond ríg!"

Ar·áncatar-som Lachain Lochain.

69

As·bert Cailech Frangcach Fograch:

"Maidid a nnem fornn,

   a Lachu Lochu."

"Cía·fetar-su,

   a Chailig Ḟrangcaig Ḟograig?"

"At·chuäid Cerc Erc dom."

"Cía·fetar-su, a Cherc Erc?"

"At·chuäid Éiréne Bec dom."

"Cía·fetar-su, a Éiréni Bic?"

"Is aicsiu ad·condarc-sa úam

   ṡúilib feisin.

Is clúas ro·cúala-sa úam

   chlúasaib feisin.

Do·rochair ní dé form erball."

As·bert Lachu Lochu:

"Retham-ni!

Retham ⁊ at·fiadam dond ríg!"

Ar·áncatar-som Géd nDeëid.

As·bert Lachu Lochu:

"Maidid a nnem fornn,

a Géid Deëid."

"Cía·fetar-su, a Lachu Lochu?"

"At·chuäid Cailech Frangcach

Fograch dom."

"Cía·fetar-su, a Chailig Ḟrangcaig

Ḟograig?"

"At·chuäid Cerc Erc dom."

"Cía·fetar-su, a Cherc Erc?"

"At·chuäid Éiréne Bec dom."

"Cía·fetar-su, a Éiréni Bic?"

"Is aicsiu ad·condarc-sa úam

ṡúilib feisin.

Is clúas ro·cúala-sa úam

chlúasaib feisin.

Do·rochair ní dé form erball."

As·bert Géd Deëid:

"Retham-ni!

Retham ⁊ at·ḟiadam dond ríg!"

Ar·áncatar-som Sinnach Finnach.

As·bert Géd Deëid:

   "Maidid a nnem fornn,

      a Ṡinnaig Ḟinnaig."

"Cía·fetar-su, a Géid Deëid?"

"At·chuäid Lachu Lochu dom."

"Cía·fetar-su, a Lachu Lochu?"

"At·chuäid Cailech Frangcach

   Fograch dom."

"Cía·fetar-su, a Chailig Ḟrangcaig

   Ḟograig?"

"At·chuäid Cerc Erc dom."

"Cía·fetar-su, a Cherc Erc?"

"At·chuäid Éiréne Bec dom."

"Cía·fetar-su, a Éiréni Bic?"

"Is aicsiu ad·condarc-sa úam

   ṡúilib feisin.

Is clúas ro·cúala-sa úam

   chlúasaib feisin.

Do·rochair ní dé form erball."

As·bert Sinnach Finnach:

"Retham-ni!

Retham im úaim-se,

⁊ at·fías-sa dond ríg."

Ráthatar i n-úaim Sinnaig Finnaig,

acht ní·tuidchetar eisti beüs.

Boí Éiréne Bec isind fiud.

Do·cer gráinne fora erball.

Ar·ánaic-som Circ n-Eirc ⁊ as·bert:

"Maidid a nnem fornn.

Is aicsiu ad·condarc-sa úam

šúilib feisin.

Is clúas ro·cúala-sa úam

chlúasaib feisin.

Do·rochair ní dé form erball."

Ar·ánaic-som Cailech Frangcach

Fograch, Lachain Lochain,

⁊ Géd nDeëid.

Ráthatar-som dia indisin dond ríg.

Ar·áncatar Sinnach Finnach.

Ráthatar ina úaim-som,

⁊ ní·tuidchetar eisti beüs.

Tri Buicc Gairb

Fecht n-and bátar tri buicc.

Boí Bocc Bec Garb.

Boí Bocc Mór Garb.

⁊ boí Bocc Dermór Garb.

Boí tech inna mbocc

   i n-arrad drochit.

Boí lerg ṡléibe allathall din drochut.

Boí fér forsind leirg.

Ba accobor lasna buccu a fér.

Ba accobor leü a ithe.

Ba accobor leü a mméthad fadesin.

As·bert Bocc Bec Garb:

   "Rega-sa tarsin ndrochet."

As·bert Bocc Dermór Garb:

"At·tá fomóir mór fon drochut.

Ethait fomóiri buccu."

As·bert Bocc Bec Garb:

"Ním·ísa in fomóir.

Ní·ethat fomóiri buccu beca."

Luid Bocc Bec Garb forsin ndrochet.

As·bert in drochet:

"Cing-cing."

As·bert in fomóir:

"Cía cinges tarmo drochet?"

"Cingid Bocc Bec Garb tarsin

ndrochet."

"Cid ara·cing-siu tarmo drochet?"

"Is accobor lemm ithe

   ind féuir for leirg int ṡléibe."

"Ní cet duit céimm tarmo drochet.

   Not·ís-sa."

"Nacham·ith!

   Do·rega Bocc Mór Garb.

   Na·n-ith!"

"Eirg lat trá!" ol in fomóir.

"Cing-cing, cing-cing, cing-cing."

⁊ luid Bocc Bec Garb dond leirg.

As·bert Bocc Mór Garb:

"Ní·dúaid in fomóir Bocc mBec.

Rega-sa tarsin ndrochet."

Luid Bocc Mór Garb

forsin ndrochet.

"Cing-cing, cing-cing,"

ol in drochet.

As·bert in fomóir:

"Cía cinges tarmo drochet?"

"Cingid Bocc Mór Garb

tarsin ndrochet."

"Cid ara·cing-siu tarmo drochet?"

"Is accobor lemm ithe ind féuir

for leirg int ṡléibe."

"Ní cet duit ithe ind féuir.

Not·ís-sa."

"Nacham·ith!

Is mór Bocc Dermór Garb.

Do·rega-som tarsin ndrochet.

Na·n-ith!"

"Eirg lat trá!" ol in fomóir.

"Cing-cing, cing-cing, cing-cing."

⁊ luid Bocc Mór Garb

dond leirg.

As·bert Bocc Dermór Garb:

"Rega-sa tarsin ndrochet.

Ro·roithiu in fomóir."

Luid Bocc Dermór Garb

forsin ndrochet.

As·bert in drochet:

"Cing-cing, cing-cing, cing-cing."

As·bert in fomóir:

"Cía cinges tarmo drochet?"

"Cingid Bocc Dermór Garb

tarsin ndrochet."

"Cid ara·cing-siu tarmo drochet?"

"Is accobor lemm ithe ind féuir

for leirg int sléibe."

"Ní cet duit céimm tarmo drochet.

Not·ís-sa."

As·bert Bocc Dermór Garb:

"Tair súas asin drochut!

Is accobor lemm déicsiu fort.

Is accobor lemm déicsiu duit form.

Is accobor lemm déicsiu duit form

adarca móra."

Do·luid in fomóir súas ón drochut.

Co·n-accae-som Bocc nDermór

nGarb.

Co·n-accae a adarca móra.

Ráith Bocc Dermór Garb cona

adarcaib ar chenn ind fómoro.

Do·cer in fomóir isin n-uisce.

Luid Bocc Dermór Garb

dond leirg íarum.

Do·fúatar in buicc a fér.

⁊ batar méith.

Lethscrepull Bec

Luid cerc isin fid.

Luid éiréne bec leë.

Ba é Lethscrepull bec int éiréne.

Ar·ánaic Lethscrepull bec gráinni.

As·bert int ṡencherc:

"Ná·ith inna gráinni móra!"

Ba accobor la Lethscrepull mbec

inna gráinni móra.

Dos·fúaid didiu.

Co·n-accae in cherc Lethscrepull

mbec oc tachtad.

Ráith-si don topur.

As·bert-si:

"Tabair uisce dom, not·guidiu,

tachtair Lethscrepull bec."

As·bert in topar:

"Fagaib cuäch dom-sa!

Do·rataimm íarum uisce duit-siu."

Ráith int ṡencherc cosin ndaur.

As·bert-si:

"Tabair cuäch dom, not·guidiu.

Rom·ic les uisci.

Tachtair Lethscrepull bec."

As·bert in daur:

"Nom·chroith-se!

Do·rataimm íarum cuäch duit-siu."

Ráith int ṡencherc

    cosin mmacc mbec.

As·bert-si:

    "Croith in ndaur, not·guidiu.

    Rom·ic les cuïch

    co·fagbaimm uisce íarum.

    Tachtair Lethscrepull bec."

As·bert in macc bec:

    "Fagaib assu dom-sa!

    Ro·croithiu íarum in ndaur."

Ráith int ṡencherc cosin cairemuin.

As·bert-si:

"Dénae assu, not·guidiu.

Rom·ic a lles don macc biuc.

Croithfid-som in ndaur íarum,

do·béra in daur cuäch dom,

do·béra in topar uisce dom.

Rom·ic a les do Lethscrepull biuc.

Tachtair-som."

As·bert in cairem:

"Fagaib lethar dom-sa!

Do·rónu íarum assu."

Ráith int ṡencherc cosin mboin.

As·bert-si:

"Tabair lethar dom, not·guidiu.

Rom·ic a les don chairemuin.

Do·géna-som assu íarum,

croithfid in macc in ndaur,

do·béra in daur cuäch dom,

do·béra in topar uisce dom.

Rom·ic a les do Lethscrepull biuc.

Tachtair-som."

As·bert in bó:

"Fagaib arbar dom-sa!

Do·rataimm íarum lethar duit-siu."

Ráith int ṡencherc cosin trebthach.

As·bert-si:

"Tabair arbar dom, not·guidiu.

Rom·ic a les don boin.

Do·béra in bó lethar dom,

do·géna in cairem assu,

croithfid in macc in ndaur,

do·béra in daur cuäch dom,

do·béra in topar uisce dom.

Rom·ic a les do Lethscrepull biuc.

Tachtair-som."

As·bert in trebthach:

"Fagaib arathar dom-sa!

Do·rataimm íarum arbar duit-siu."

Ráith int ṡencherc cosin ngobainn.

As·bert-si:

"Dénae arathar dom, not·guidiu.

Rom·ic a les don trebthach.

Do·béra-som arbar dom íarum,

do·béra in bó lethar dom,

do·géna in cairem assu,

croithfid in macc in ndaur,

do·béra in daur cuäch dom,

do·béra in topar uisce dom.

Rom·ic a les do Lethscrepull biuc.

Tachtair-som."

As·bert in gobae:

"Fagaib iärn dom-sa!

Do·rónu íarum arathar."

Ráith int ṡencherc cosna abcu.

As·bert-si:

"Taibrid iärn dom, nob·guidiu.

Rom·ic a les don gobainn.

Do·géna-som arathar íarum,

do·béra in trebthach arbar dom,

do·béra in bó lethar dom,

do·géna in cairem assu,

croithfid in macc in ndaur,

do·béra in daur cuäch dom,

do·béra in topar uisce dom.

Rom·ic a les do Lethscrepull biuc.

Tachtair-som."

Ba áil donaib abcaib tabairt

    ḟortachtae do Lethscrepull biuc.

Lotar-som fon talmain.

Fo·fúaratar in n-iärn rrúad.

Da·mbertatar don chirc.

Da·mbert in cherc don gobainn.

Do·génai in gobae arathar.

Do·bert in trebthach arbar.

Do·bert in bó lethar.

Do·génai in cairem assu.

Crothais in macc in ndaur.

Do·bert in daur cuäch.

Do·bert in topar uisce.

Do·bert in cherc in n-uisce

do Lethscrepull biuc.

Do·fúaid Lethscrepull bec gráinni

beca íarum.

Cétlín in Damáin Allaid Bic

Co·n-accae in damán allaid mór

   damán n-allaid mbec.

Boí in damán allaid bec oc figi lín.

Ba a chétlín-som.

Cechaing in damán allaid mór

   fora lín.

⁊ gabais lúad súas anúas.

Co·n-accae in chuil in ndamán

n-allaid mmór fora lín.

As·bert-si:

"Cid ara·llúaidi súas anúas, a

damáin allaid móir?"

"Lúaidiu súas anúas húaire figes in

damán allaid bec a chétlín-som."

As·bert in chuil:

"Doirdfea-sa trá.

Doirdfea ⁊ doirdfea."

Co·cúalae in bech in cuil oc dordán.

As·bert-som:

"Cid ara·ndordai, a chuil bec?"

"Dordaimm húaire figes in damán

allaid bec a chétlín-som."

As·bert in bech:

"Soirdfea-sa trá.

Soirdfea ⁊ soirdfea."

Co·cúalae in grell in mbech oc

sordán.

As·bert-som:

"Cid ara·sordai, a beich bic?"

"Sordaimm húaire figes in damán

allaid bec a chétlín-som."

As·bert in grell:

"Strídfea-sa trá.

Strídfea ⁊ strídfea."

Co·cúalae in sengán

 in ngrell oc strídund.

As·bert-som:

 "Cid ara·strídai, a grill?"

"Strídaimm húaire figes in damán

 allaid bec a chétlín-som."

As·bert in sengán:

 "Ressa-sa sair síar trá.

 Ressa ⁊ ressa."

Co·n-accae int ettelachán in sengán

oc riuth sair síar.

As·bert-som:

"Cid ara·rreith sair síar?"

"Rethu húaire figes in damán allaid

bec a chétlín-som."

As·bert int ettelachán:

"Luífer-sa trá.

Luífer ⁊ luífer."

Co·n-accae int én in n-ettelachán.

As·bert-som:

"Cid ara·lluíther, a ettelacháin?"

"Luür húaire figes in damán allaid
bec a chétlín-som."

As·bert int én:

"Cechna-sa trá.

Cechna ⁊ chechna.

Do·gén clanda fáilti."

Co·cúalatar inna clanda in n-én oc cétul.

Co·n-accatar in n-ettelachán oc luüd.

Co·n-accatar in sengán oc riuth sair síar.

Co·cúalatar in ngrell oc strídund.

Co·cúalatar in mbech oc sordán.

Co·cúalatar in cuil oc dordán.

Co·n-accatar in ndamán n-allaid
mmór oc lúad súas anúas
fora lín.

Co·n-accatar in ndamán n-allaid
mbec oc figi a chétlín-som.

Batar fáilti inna clanda.

Aipǵitir inna Sengoídilce

A	a	*Á*		N	n	*En*
Á	á	*Á fotae*		O	o	*Ó*
B	b	*Bé*		Ó	ó	*Ó fotae*
C	c	*Cé*		P	p	*Pé*
D	d	*Dé*		Q	q	*Qú*
E	e	*É*		R	r	*Er*
É	é	*É fotae*		S	s	*Es*
F	f	*Ef*		Ṡ	ṡ	*Es séimigthe*
Ḟ	ḟ	*Ef séimigthe*		T	t	*Té*
G	g	*Gé*		U	u	*Ú*
H	h	*Há*		Ú	ú	*Ú fotae*
I	i	*Í*		X	x	*Ix*
Í	í	*Í fotae*		Y	y	*Ui*
K	k	*Ká*		Z	z	*Sté*
L	l	*El*		ɟ	⁊	*Ocus*
M	m	*Em*				

Dúan Aipgitir

Á, Bé, Cé, Dé, É, Ef, Gé,

Há, Í, Ká, El, Em, En, Ó, Pé,

Qú, Er, Es, Té, Ú, Ix, Ui, Sté.

Ro·fotaigther cach gutte danó,

úaraib séimigtir Ef, Es, fír in só!

Ro·fetar-sa m'Aipgitir indossa,

in fecht n-aili in·cechnaid-si lemm-sa?

Dúan Aipgitir

Dúan Beithe-Luis-Nin

Beithe Luis Fern Sail Úath Dair,

Tinne Coll Cert Muin Gort nGétal

  Straif Ruis.

Ailm Onn Úr Edad Idad,

it é fedae ind Ogaim in só,

  ⁊ ind forfedae danó.

Ro·fetar-sa mo Beithe-Luis-Nin

  indossa,

in fecht n-aili in·cechnaid-si lemm-sa?

Dúan Beithe-Luis-Nin

Fedae ind Ogaim

Aicme Beithe

	B	*Beithe*
	L	*Luis*
	F	*Fern*
	S	*Sail*
	N	*Nin*

Aicme hÚatha

	H	*Úath*
	D	*Dair*
	T	*Tinne*
	C	*Coll*
	Q	*Ceirt*

Aicme Muine

	M	*Muin*
	G	*Gort*
	Ng	*nGétal*
	Z	*Straif*
	R	*Ruis*

Aicme Ailme

	A	*Ailm*
	O	*Onn*
	U	*Úr*
	E	*Edad*
	I	*Idad*

Forfedae

	Ea	*Ébad*
	Oi	*Ór*
	Ui	*Uillenn*
	Io	*Iphin*
	X	*Emancholl*
	P	*Peithe*

Forus Focal

The reader will find here all the Old Irish words and forms included in the book, from the title and the credits to the back cover. The grammatical terminology follows David Stifter's *Sengoídelc: Old Irish for Beginners* (Syracuse University Press, 2006). The common nouns from which the proper names of the characters are formed are all listed in lower-case letters, regardless of how they occur in the text.

Present tense is meant if no tense is indicated. All other tenses are indicated.

Uninflected mutated forms are not cross-referenced. Mutated inflected forms are mostly cross-referenced, but within entries they appear in their unmutated form, regardless of the mutation they undergo in the text.

Lenited inflected forms beginning with **ṡ** or **ḟ** are cross-referenced without the *punctum dēlēns*.

Nasalized inflected forms beginning with a vowel are cross-referenced without the **n-**.

Conjunct and prototonic forms are listed without preceding conjunct particles, beginning with the raised dot ·, though they are alphabetized under the letter following the dot. Augmented forms with **ro·** are listed in full.

Abbreviations

→	see
1	first person
2	second person
3	third person
A	accusative
A	(before *inf. pron.*) Class A
ā	*ā*-stem
abs.	absolute
adj.	adjective
adv.	adverb
advl.	adverbial
anph.	anaphoric
art.	article
B	(before *inf. pron.*) Class B
C	(before *inf. pron.*) Class C
card.	cardinal numeral
cl.	clause
conj.	conjunction
conjp.	conjugated preposition
D	dative (Stifter calls this *P* for prepositional)
def.	defective
dem.	demonstrative
emph.	emphasizing
emphc.	emphatic
equa.	equative
f.	feminine
fut.	future
G	genitive
H	hiatus verb (+ *1*, *2*, or *3* to indicate the subclass)
ᴴ	aspirating
iā	*iā*-stem
impf.	imperfect tense
impv.	imperative
indep.	independent
inf.	infixed
interr.	interrogative
io	*io*-stem
irr.	irregular
ᴸ	leniting
m.	masculine
n	n-stem
n.	neuter
ᴺ	nasalizing
N	nominative
o	*o*-stem
onom.	onomatopoeic
ord.	ordinal numeral
part.	particle
pass.	passive
perf.	perfect (augmented) past tense
phr.	phrase
pl.	plural
poss.	possessive
pot.	potential
pref.	prefixed
pret.	preterite
pron.	pronoun
rel.	relative
ᴿᴺ	relative nasalizing
S	strong verb (+ *1*, *2*, or *3* to indicate the subclass)
s	*s*-stem
sec.	secondary
sg.	singular
sup.	superlative
t	*t*-stem
u	*u*-stem
V	vocative
v.n.	verbal noun
W	weak verb (+ *1* or *2* to indicate the subclass)

a[H] *prep.* + *D* out of; with *art.*:
asin, *Dsg.n.*; *conjp.*: **ass**,
3sg.m./n. (*also* → **ass**); **eisti**,
3sg.f.

a[L] *poss. 3g.m./n.* his, its

a[L] *V part.* O ...

abacc *o, m.* dwarf; **abcaib**, *Dpl.*;
abcu, *Apl.*

abcaib → **abacc**

abcu → **abacc**

accobor *o, n.* desire, wish; **ac-
cobor**, *Nsg.*; **is accobor la X
Y** (*or v.n.*), X wants Y

acht *conj.* but; *also* → **bec**

adaig *ī, f.* night; **aidchi**, *Asg.*; **i
n-aidchi-sin**, that night

adarc *ā, f.* horn; **adarcaib**, *Dpl.*;
adarca, *Apl.*

adarca → **adarc**

adarcaib → **adarc**

ad·cí, **·accai** *H2* to see; **co·n-
accae**, *pret. 3sg.*; **co·n-ac-
catar**, *pret. 3pl.*; **ad·condarc**,
perf. 1sg.

ad·condarc → **ad·cí**

ad·fét *S1* to tell; **at·chuäid**, *perf.
3sg* + **-t**[L], *B inf. pron. 3sg.n.*;
at·fíadam, *impv. 1pl.* + **-t**[L], *B
inf. pron. 3sg.n.*; **at·fías**, *fut.
1sg.* + **-t**[L], *B inf. pron. 3sg.n.*

ad·midethar, **·aimdethar** *S2* to
aim at; **ad·midethar**, *3sg.*

ad·tluchur → **ad·tluichethar**

ad·tluichethar, **·atlaigedar** *W2*
(*usually with* **buidi**) to thank,
to give thanks to (**do**);
ad·tluchur, *1sg.*; **ad·tluchur
buidi duit**, thank you (*to one*

person); **ad·tluchur buidi
dúib**, thank you (*to two or
more people*); *also* → **buide**

aí *t, m.* inspiration; **aí**, *Nsg.*

aicme *iā, f.* class, family; **aicme**,
Nsg.

aicsiu *n, f.* (*v.n. of* **ad·cí**) act of
seeing; **aicsiu**, *Nsg.*

aidchi → **adaig**

aigen *o, m.* pan; **aigin**, *Gsg.; also*
→ **srubán**

aigin → **aigen**

áil *i, ?* request, wish; **áil**, *Nsg.*; **is
áil do X Y** (*or v.n.*), X wishes,
desires Y

ainimm *n, f.* soul; **ainimm**, *Nsg.*

·ainiub → **anaid**

aipgitir *i, f.* alphabet; **aipgitir**,
NAGsg.

allaid *i* wild; **allaid**,
NVAGsg.m.; also → **damán**

allathall **di**[L] + *D* on the other
side of

am → **is**

an → **anaid**

anaid *W1* to stay, to remain; to
wait for (**fri**); **an**, *impv. 2sg*;
·ranus, *perf. 1sg.*; **·ainiub**, *fut.
1sg.*

and → **i**[N], **fecht**

ar·ánaic → **ar·ic**

ara·n-ánaic → **ar·ic**

ar·áncatar → **ar·ic**

arathar *o, n.* plough; **arathar**,
Asg.

arbar *n, n.* corn; **arbar**, *Asg.*

ar chenn *sec. prep.* + *G* to-
wards, against

ar·ic, ·airic *S1* to find, to meet;
ar·ánaic, *pret. 3sg.*; ara·n-
ánaic, *pret. rel. 3sg.*; ar·án-
catar, *pret. 3pl.*

arrad → i n-arrad

as·beir, ·eipir *S1* to say; as·bert,
·eipert, *pret. 3sg.*; as·bertatar,
pret. 3pl.

as·bert → as·beir

as·bertatar → as·beir

as·boind, ·opaind *S1* to refuse;
as·bondad, *impf. 3sg.*

as·bondad → as·boind

asin → a^H

ass *adv.* away; *also* → a^H

assae *io, m.* shoe; assu, *Apl.*

assu → assae

at → is

at·chuäid → ad·fét

at·ḟiadam → ad·fét

at·ḟías → ad·fét

at·tá *H1* to be (*substantive
verb*); boí, *pret. 3sg.*; bátar,
pret. 3pl.; at·tá X oc/la Y, Y
has X;

attlugud *u, m.* (*v.n. of*
ad·tluichethar) act of thank-
ing (*usually with* buide); at-
tlugud, *Nsg.*; attlugud buide,
acknowledgements; *also* →
buide

auraicept *u, m.* primer; aurai-
cept, *Nsg.*

bádud *o, m.* (*v.n. of* báidid) act
of quenching; bádud, *Asg.*

ba^H → is

báid → báidid

·báidfea → báidid

báidid *W2* quench (a fire);
báid, *impv. 2sg.*; ·báidiub, *fut.
1sg*; ·báidfea, *fut. 3sg.*

·báidiub → báidid

bairgen *ā, f.* bread; bairgine,
Gsg.; bairgin, *Asg.*

bairgin → bairgen

bairgine → bairgen

batar → is

bátar → at·tá

bec *o, ā* small; bec, *NAsg.m.,
NVsg.f.*; bic, *Vsg.m., Asg.f.*;
biuc, *Dsg.m.*; becaib, *Dpl.f.*;
beca, *Apl.m./f.*; fobec, rather
small; fobec, *Nsg.m.*; acht
bec, almost, nearly; *also* →
fo^L-

beca → bec

becaib → bec

bech *o, m.* bee; bech, *NAsg.*;
beich, *Vsg.*

beich → bech

béimm *n, n.* (*v.n. of* benaid) act
of beating; béimm, *Asg.*

ben *ā, f.* woman; senben, old
woman; senben, *Nsg.*; senm-
naí, *ADsg.*; *also* → sen^L-

ben → benaid

benaid *S3* to beat; ben, *impv.
2sg.*; nos·mbí, *pret. 3sg. + -s^N,
A inf. pron. 3sg.f.*; ·biü, *fut.
1sg*; ·bïï, *fut. 3sg.*; noda·bïï,
*fut. rel. 3sg. + -da^H, C inf.
pron. 3sg.f.*; biäs, *fut. rel. 3sg.*

beüs *adv.* yet

biäs → benaid

bic → bec

bid → is

122

·biï → benaid

·biü → benaid

biuc → bec

blastae *io, iā* tasty; **blastae,** *Nsg.m.*

bó *irr., f.* cow; **bó,** *Nsg.*; **boin,** *ADsg.*

bocc *o, m.* he-goat; **bocc,** *NAsg., Gpl.*; **buicc,** *Npl.*; **buccu,** *Apl.*

boí → **at·tá**

boin → **bó**

bráth *u, m.* judgement, Judgement Day; **bráth,** *Asg.*; **co bráth,** forever

buccu → **bocc**

buicc → **bocc**

buide *iā, f.* gratitude, gratification; **buide,** *Gsg.*; **buidi,** *Asg.*; *also* → **ad·tluichethar, attlugud**

cach *pron.* each, every; *also* → **laë, óen**[L]-

cailech *o, m.* cock; **cailech,** *NAsg.*; **cailig,** *Vsg.*; **cailech frangcach,** turkey; *also* → **frangcach**

cailgid *W2* to sting; **cailgid,** *3sg.*

cairem *n, m.* shoemaker; **cairem,** *Nsg.*; **cairemuin,** *ADsg.*

cairemuin → **cairem**

canaid *S1* to sing; **cechna,** *fut. 1sg.*; **·cechnaid,** *fut. 2pl.*

catt *o, m.* cat; **catt,** *Nsg.*

cechaing → **cingid**

cechna → **canaid**

céimm *n, n.* (*v.n. of* **cingid**) act of stepping forwards; stile; **céimm,** *NAsg.*

cerc *ā, f.* hen; **cerc,** *Nsg.*; **circ,** *ADsg.*; **sencherc,** old hen; **sencherc,** *Nsg.*; *also* → **sen**[L]-

cet *o, ?* permission; **is cet do X** (+ *v.n.*), X may, X is allowed to

cét *o, n.* one hundred

cét[L]- *pref. ord.* first; *also* → **foglaimthid, lebor, lín**

cétal *o, n.* (*v.n. of* **canaid**) act of singing; **cétul,** *Dsg.*

cétfoglaimthidi → **cét**[L]-, **foglaimthid**

cétlebor → **cét**[L]-, **lebor**

cétlín → **cét**[L]-, **lín**

cétul → **cétal**

chailig → **cailech**

chairemuin → **cairem**

chechna → **canaid**

chenn → **ar chenn**

chirc → **cerc**

chlúasaib → **clúas**

choin → **cú**

chon → **cú**

chride → **cride**

chruithnechtae → **cruithnecht**

·**cí** → **ciïd**

cía[H] *interr.*; + *rel. cl.* who?

cía· *unstressed interr.* how?

ciäs → **ciïd**

cid[L] *interr.*; + *rel. cl.* what?; **cid ara**[N]·, why?

cid ara· → **cid**[L]

ciïd *H2* to cry, to weep; **ciïd**,
  3sg.; **ciü**, *1sg.*; **·cí**, *2sg., impv.*
  2sg.; **ciäs**, *rel. 3sg.*
·cing → **cingid**
cing-cing *onom.* → **cingid**
cinges → **cingid**
cingid *S1* to step; **cingid**, *3sg.*;
  ·cing, *2sg.*; **cinges**, *rel. 3sg.*;
  cechaing, *pret. 3sg.*
ciü → **ciïd**
cland *ā, f.* child; offspring; folk;
  clanda, *NApl.*; **clandaib**, *Dpl.*
clanda → **cland**
clár *o, n.* table; **clár**, *Nsg.*; **clár**
  titul, table of contents; *also*
  → **titul**
clúas *ā, f.* ear; **clúasaib**, *Dpl.*
·cná → **cnaïd**
cnaí → **cnaïd**
cnaïd *H1* to gnaw; **cnaí**, *impv.*
  2sg.; **·cná**, *fut. 1sg.*
cnám *u, m.* (*v.n. of* **cnaïd**) act of
  gnawing; **cnám**, *Asg.*
co[H] *prep. + A* to, towards; with
  art.: **cosin**, *Asg.m./f.*; **cosna**,
  Apl.m.; *also* → **bráth**
co[N] *prep. + D* with; with *art.*:
  cosin, *Dsg.m.*; with *poss.*: **a**[L],
  cona
co[N]· *conj.* so that; and
co bráth → **bráth**
co·cúalae → **ro·cluinethar**
co·cúalatar → **ro·cluinethar**
codnach *o, ā* adult; **codnacha**,
  Apl.f.
codnacha → **codnach**
coí ?, *f.* (*v.n. of* **ciïd**) act of cry-
  ing, weeping; **coí**, *Asg.*;

coin → **cú**
cona → **co**[H]
co·n-accae → **ad·cí**
co·n-accatar → **ad·cí**
con·ic, **·cumaic** *S1* to be able, to
  have power over; **con·icimm**,
  1sg.; **·cumcu**, *1sg.*; **·cumcaba**,
  fut. 3sg.
con·icimm → **con·ic**
cosin → **co**[H]
cosna → **co**[H]
crenaid *S3* to buy; **nos·cíuir**,
  pret. 3sg. + -s[N], *A inf. pron.*
  3sg.f.; **ro·crenaimm**, *pot. 1sg.*
cride *io, n.* heart; **cride**, *Nsg.*
croith → **croithid**
croithfid → **croithid**
croithid *W2* shake; **croith**,
  impv. 2sg.; **nom·chroith**,
  impv. 2sg. + -m[L], *A inf. pron.*
  1sg.; **crothais**, *pret. 3sg.*;
  ro·croithiu, *pot. 1sg.*; **croith-**
  fid, *fut. 3sg.*
crothais → **croithid**
cruithnecht *ā, f.* wheat; **cruith-**
  nechtae, *Gsg.*
cruithnechtae → **cruithnecht**
cú *n, m.* dog; **cú**, *Nsg.*; **con**, *Gsg.*;
  coin, *Asg.*
cuäch *o, m.* cup; **cuïch**, *Gsg.*;
  cuäch, *Asg.*
cuïch → **cuäch**
cuil *i, f.* fly; **cuil**, *NAsg.*
·cumcaba → **con·ic**
·cumcu → **con·ic**
da·fúaid → **ithid**
daim → **dam**

124

dam *o, m.* ox; **dam,** *NAsg.;* **daim,** *VGsg.*

damáin → **damán**

damán *o, m.* calf; **damán,** *NAsg.;* **damáin,** *VGsg.;* **damán allaid,** spider; *also* → **allaid**

da·mbert → **do·beir**

da·mbertatar → **do·beir**

danó *adv.* also

daur *u, f.* oak; **daur,** *NAsg.*

dé → **di**[L]

deëid *i* idle, careless; **deëid,** *NVsg.m.*

degaid → **i ndegaid**

déicsiu *n, f.* (*v.n. of* **do·éccai**) act of looking; **déicsiu,** *Nsg.*

déinithir → **dían**

delb *ā, f.* shape; image, illustration; **delba,** *Apl.*

dénae → **do·gní**

der[L]**-** *pref. abs. sup.* very; *also* → **mór**

derg *o, m.* red; **derg,** *Nsg.f.*

dermór → **der**[L]**-, mór**

di[L] *prep. + D* from, of; with *art.:* **din**[L]**,** *Dsg.m.*

dia → **do**[L] *prep.*

día do bethu hello

dían *o, ā* swift; **déinithir,** *equa.*

didiu *adv.* so, hence

·digthimm → **téit**

din → **di**[L]

do[L] *poss. 2sg.* your; **th',** before a vowel

do[L] *prep. + D* to; with *art.:* **don, dond,** *Dsg.m./f.;* **donaib,** *Dpl.m./f.;* with *poss.:* **a**[L]**, dia;**

conjp.: **dom,** *1sg.;* **duit,** *2sg.;* **dúnn,** *1pl.;* **dúib,** *2pl.*

do·aissilbi, **·taissilbi** *W2* to present; **do·aissilbi,** *3sg.*

do·ánaic → **do·ic**

do·beir, **·tabair** *S1* to give, to bring, to get; **tabair,** *impv. 2sg.;* **taibrid,** *impv. 2pl.;* **do·bert,** *pret. 3sg.;* **da·mbert,** *pret. 3sg. + -a*[N]*, A inf. pron. 3sg.m.;* **da·mbertatar,** *pret. 3pl. + -a*[N]*, A inf. pron. 3sg.m.;* **do·rataimm,** *pot. 1sg.;* **do·béra,** *fut. 3sg.*

do·béra → **do·beir**

do·bert → **do·beir**

do·cer → **do·tuit**

doda·fiärr → **do·fúairc**

doda·géna → **do·gní**

dod·rrintai → **do·intai**

do·fiärr → **do·fúairc**

do·fúaid → **ithid**

do·fúairc, **·túairc** *S1* to thresh; **do·fiärr,** *fut. rel. 3sg.;* **dos·n-ort,** *pret. 3sg. + -s*[N]*, A inf. pron. 3sg.f.;* **doda·fiärr,** *fut. rel. 3sg. + -da*[H]*, C inf. pron. 3sg.f.*

do·fúatar → **ithid**

do·gén → **do·gní**

do·géna → **do·gní**

do·génai → **do·gní**

do·gní, **·dénai** *H2* to do, to make; **dénae,** *impv. 2sg.;* **do·génai,** *pret. 3sg.;* **dos·ngénai,** *pret. 3sg. + -s*[N]*, A inf. pron. 3sg.f.;* **do·rigénai,** *perf. rel. 3sg.;* **do·rónu,** *pot. 1sg.;*

do·gén, *fut. 1sg.*; do·géna, *fut. 3sg.*; doda·géna, *fut. rel. 3sg.* + -da[H], *C inf. pron. 3sg.f.*

do·ic, ·tic *S1* to come; do·ánaic, *pret. 3sg.*

do·intai, ·tintai *H3* to translate; dod·rrintai, *perf. rel. 3sg.* + -d[N], *C inf. pron. 3sg.m.*

doirdfea → dordaid

do·luid → do·tét

dom → do[L] *prep.*

don → do[L] *prep.*

donaib → do[L] *prep.*

dond → do[L] *prep.*

do·rataimm → do·beir

dordaid *W1* to buzz; dordaimm, *1sg.*; ·dordai, *2sg.*; doirdfea, *fut. 1sg.*

dordaimm → dordaid

dordán *o, m.* (*v.n. of* dordaid) act of buzzing; dordán, *Dsg.*

do·rega → do·tét

do·rigénai → do·gní

do·rochair → do·tuit

do·rónu → do·gní

dorrrrrd *onom.* buzzzzz

dos·fúaid → ithid

dos·ngénai → do·gní

dos·n-ort → do·fúairc

do·tét, ·táet *S1* to come; tair, *impv. 2sg.*; do·luid, *pret. 3sg.*; ·tuidchetar, *perf. 3pl.*; do·rega, *fut. 3sg.*

do·tuit, ·tuit *S2* to fall; do·cer, *pret. 3sg.*; do·rochair, *perf. 3sg.*

drochet *o, m.* bridge; drochet, *NAsg.*; drochit, *Gsg.*; drochut, *Dsg.*

drochit → drochet

drochut → drochet

·dúaid → ithid

dúan *ā, f.* song; dúan, *Nsg.*

duit → do[L] *prep.*

dul (*v.n. of* téit) act of going; dul, *Asg.*

dúnn → do[L] *prep.*

é *indep. pron. 3sg.m./3pl.* him, them

écodnach *o, ā* non-adult, child; écodnacha, *Apl.f.*

écodnacha → écodnach

ed on *adverbial phr.* (*abbreviated* ".i.") that is, *id est* (*i.e.*)

éicsíne *io, m.* learner, pupil, apprentice, young scholar; éicsíne, *Gpl.*; éicsíniu, *Apl.*

éicsíniu → éicsíne

éiréne *io, m.* chicken, pullet; éiréne, *Nsg.*; éiréni, *Vsg.*

éiréni → éiréne

eirg → téit

eisti → a[H]

ém *asserting part.* indeed

én *o, m.* bird; én, *NAsg.*

erball *o, m.* tail; erball, *Asg.*

erc *o, ā* speckled; erc, *NVsg.f.*; eirc, *Asg.f.*

eirc → erc

eter[L] *prep.* + *A* between; eter... ocus..., both... and...

ethait → ithid

·ethat → ithid

ettelacháin → ettelachán

ettelachán *o, m.* butterly; **et-
telachán,** *NAsg.;* **ettelacháin,**
Vsg.

fadesin *pron.* themselves

fagaib → fo·gaib

·fagbaimm → fo·gaib

fáilid *i* happy; **fáilti,** *Npl.f.*

fáilti → fáilid

fecht *ā, f.* time, occasion; **fecht,**
Asg.; **fecht n-and,** once; **in
fecht n-aili,** next time

fedae → fid

feisin *pron.* self

féoldénmado → féoldénmaid

féoldénmaid *i, m.* butcher;
féoldénmaid, *NVAsg.;*
féoldénmado, *Gsg.*

fer *o, m.* man; **senḟer,** old man;
senḟer *NAsg.;* **senḟir,** *Gsg.;*
senḟiur, *Dsg.; also* → **sen**[L]-

fér *o, n.* grass; **fér,** *NAsg.;* **féuir,**
Dsg.

·fetar → ro·fitir

féuir → fér

fid *u, m.* wood; letter (of the al-
phabet); **fid,** *Asg.;* **fiud,** *Dsg.;*
fedae, *Npl.;* **forfid,** additional
letter; **forfedae,** *Npl.; also* →
for-

fige *iā, f.* (*v.n. of* **figid**) act of
weaving; **figi,** *Dsg.*

figes → figid

figi → fige

figid *S2* to weave; **figes,** *rel. 3sg.*

finnach *o, ā* shaggy; **finnach,**
NAsg.m.; **finnaig,** *Vsg.m.*

finnaig → finnach

fiud → fid

fo[L] *prep.* + *AD* under; with *art.*:
fon, *Dsg.m./n.*

fo-[L] *pref. adv.* rather, somewhat;
also → **bec**

fobec → bec

focal *o, n.* word; **focal,** *Gpl.;*
also → **forus**

fo·ceird, ·cuirethar *S1* to plant,
sow; **fo·chicherr,** *fut. rel. 3sg.;*
foda·cicherr, *fut. 3sg.* + **-da**[H],
C inf. pron. 3sg.f.

fo chen duit welcome (to you)

fo·chicherr → fo·ceird

foda·cicherr → fo·ceird

fo·fúair → fo·gaib

fo·fúaratar → fo·gaib

fo·gaib, ·fagaib *S2* to find, to
get; **·fagbaimm,** *1sg.;* **fagaib,**
impv. 2sg.; **fo·fúair,** *pret. 3sg.;*
fo·fúaratar, *pret. 3pl.*

foglaimthid *i, m.* learner;
cétḟoglaimthid, first learner;
cétḟoglaimthidi, *Apl.; also* →
cét[L]-

fo·gleinn, ·foglainn *S1* to study,
learn; **fo·glennat,** *rel. 3pl.*

fo·glennat → fo·gleinn

fograch *o, ā* noisy; **fograch,**
NAsg.m.; **fograig,** *Vsg.m.*

fograig → fograch

fomóir *i, m.* troll, giant; **fomóir,**
NAsg.; **fomóro,** *Gsg.;* **fomóiri,**
Npl.

fomóiri → fomóir

fomóro → fomóir

fon → fo[L]

for *prep.* + *AD* on; with *art.*
forsin, *Asg.m.;* **forsind,** *Dsg.f.;*

with *poss.*: **a**[L], **fora**; **mo**[L],
form; **do**[L], **fort**; *conjp.*: **form**,
1sg.; **fornn**, *1pl.*

for- *pref. adj.* additional; *also →*
fid

fora → **for**

forfedae → **fid**

form → **for**

fornn → **for**

forsin → **for**

forsind → **for**

fort → **for**

fortacht *ā, f.* (*v.n. of* **for·téit**) act
of helping, assisting; help, as-
sistance; **fortachtae**, *Gsg.*

fortachtae → **fortacht**

forus *u, n.* basis, foundation;
forus, *Nsg.*; **forus focal**, vo-
cabulary, glossary

fotaigidir *W2* to lengthen;
ro·fotaigther, *pass. pot. 3sg.*

frangcach *o, ā* Frankish,
French; **frangcach**, *NAsg.m.*,
Nsg.f.; **frangcaig**, *Vsg.m.*,
ADsg.f.; *also →* **cailech, luch**

frangcaig → **frangcach**

fri[H] *prep. + A* to, towards; with
art.: **frisin**, *Asg.m./f.*; **frisna**,
Apl.m.; *conjp.*: **frimm**, *1sg.*;
frit, *2sg.*

frimm → **fri**[H]

frisin → **fri**[H]

frisna → **fri**[H]

frit → **fri**[H]

gabáil → **gabál**

gabais → **gaibid**

gabál *ā, f.* (*v.n. of* **gaibid**) act of
taking, biting; **gabáil**, *Asg.*

gabor *o, m.* goat; **gabor**, *Nsg.*;
gabuir, *Gsg.*; **gabur**, *Dsg.*

gabuir → **gabor**

gabur → **gabor**

gaib → **gaibid**

gaibid *S2* to take, to bite; to
begin (+ *v.n.*); **gaib**, *impv. 2sg.*;
gabais, *pret. 3sg.*; **·géb**, *fut.*
1sg; **·géba**, *fut. 3sg.*

gairb → **garb**

garb *o, ā* rough, rude; **garb**,
NAsg.m.; **gairb**, *Npl.m.*

·géb → **gaibid**

·géba → **gaibid**

géd *o, m.* goose; **géd**, *NAsg.*;
géid, *Vsg.*

géid → **géd**

gelt *ā, f.* (*v.n. of* **geilid**) act of
grazing; **gelt**, *Nsg.*

gnáth[L]**-** *pref. adj.* familiar, well-
known; *also →* **scél**

gnáthscéla → **scél**

gobae *n, m.* blacksmith; **gobae**,
Nsg.; **gobainn**, *ADsg.*

gobainn → **gobae**

gráinne *iā, f.* grain, seed;
gráinne, *Nsg.*; **gráinni**,
Asg./pl.

gráinni → **gráinne**

grell *o, m.* cricket; **grell**, *NAsg.*;
grill, *Vsg.*

grill → **grell**

gruth *u, m.* cheese; **gruth**,
NAsg.

guidid *S2* to pray, to ask;
not·guidiu, please (to one
person): *1sg. +* **-t**[L], *A inf. pron.*
2sg.; **nob·guidiu**, please (to

two or more): *1sg.* + **-b**, *A inf. pron. 2pl.*

gutte *iā, f.* vowel; **gutte**, *Nsg.*

húaire[RN] *conj.* because

.i. *abbreviation for* → **ed on**

i[N] *prep.* + *DA* in; with *art.*: **isin**, *Asg.m./f.*; **isind**, *Dsg.m.*; *conjp.*: **and**, *3sg.m./n.*; with *poss.*: **mo**[L], **im**; **a**[L], **ina**

i n-arrad *sec. prep.* + *G* close to

i ndegaid *sec. prep.* + *G* after

iärn *o, m.* iron; **iärn**, *Asg.*

íaru *n, f.* squirrel; **íaru**, *NVsg.*

íarum *adv.* then, afterwards

ib → **ibid**

·íb → **ibid**

·íba → **ibid**

ibid *S1* to drink; **ib**, *impv. 2sg.*; **·íb**, *fut. 1sg.*; **·íba**, *fut. 3sg.*

im → **i**[N]

imm·soäd → **imm·soí**

imm·soí, **·impai** *H3* to roll; **imm·soí**, *2sg., pret. 3sg.*; **imm·soäd**, *impf. 3sg.*

in *art.* the; **in**, *Nsg.m./f., Npl.m., Asg.m./f., Gsg.m.*; **-sa**, *Asg.n.*; **-n**, *Dsg.m./f.*; **-sin**, *Dsg.m., Asg.m./f.*; **ind**, *Gsg.m./n., Npl.m.*; **-nd**, *Dsg.m./f.*; **-sind**, *Dsg.m./f.*; **int**, *Nsg.m., Gsg.m./n., Nsg.f.*; **-int**, *Dsg.m./f.*; **-nt**, *Dsg.m./f.*; **-naib**, *Dpl.m./f.*; **inna**, *Gsg.f., NApl.f., Gpl.m.*; **-sna**, *Apl.m./f.*

in[N]· *interr. part.* do…? does…?

ina → **i**[N]

ind → **in**

indisiu *n, f.* (*v.n. of* **ind·fét**) act of telling; **indisin**, *Dsg.*

indossa *adv.* now

inna → **in**

innocht *adv.* tonight

int → **in**

in só *dem. pron.* this/these

is to be (*copula*); **am**, *1sg*; **at**, *2sg.*; **it**, *3pl.*; **ní**[H], *neg. 3sg.*; **ní-dat**[L], *neg. 3pl.*; **nábad**[L], *impv. neg. 3sg.*; **ba**[H], *past 3sg.*; **batar**, *past 3pl.*; **bid**, *fut. 3sg.*; **níba**, *fut. neg. 3sg.*

ísas → **ithid**

isin → **i**[N]

isind → **i**[N]

ístae → **ithid**

it → **is**

·ith → **ithid**

ithe *iā, f.* (*v.n. of* **ithid**) act of eating; **ithe**, *Nsg.*

ithid *S1* to eat; **ethait**, **·ethat**, *3pl.*; **·ith**, *impv. 2sg.*; **na·n-ith**, *impv. 2sg.* + **-a**[N], *A inf. pron. 3sg.m.*; **nacham·ith**, *impv. neg. 2sg.* + *C inf. pron. 1sg.*; **·ethat**, *impv. 3pl.*; **nacham·ethat**, *impv. neg. 3pl.* + *C inf. pron. 1sg.*; **do·fúaid**, *pret. 3sg.*; **da·fúaid**, *pret. 3sg.* + **-a**[N], *A inf. pron. 3sg.m.*; **dos·fúaid**, *pret. 3sg.* + **-s**[N], *A inf. pron. 3sg.f.*, or **-s**[H], *3pl.*; **do·fúatar**, *pret. 3pl.*; **·dúaid**, *perf. 3sg*; **not·ís**, *fut. 1sg.* + **-t**[L], *A inf. pron. 2sg.*; **ním·ísa**, *fut. 3sg* + **-m**[L], *A inf. pron. 1sg.*; **noda·ísa**, *fut. rel. 3sg.* + **-da**[H],

129

C inf. pron. 3sg.f.; **ísas**, *fut. rel. 3sg.*; **ístae**, *fut. rel. 3pl.*

la[H] *prep. + A* with; with *art.*: **lasin**, *Asg.m./f.*; **lasna**, *Apl.m.*; with. *poss.*: **mo**[L], **lam**; *conjp.*: **lemm**, *1sg.*; **lat**, *2sg.*; **leis**, *3sg.m.*; **leë** *3sg.f.*; **leü**, *3pl.*

lachain → **lachu**

lachu *n, f.* duck; **lachu**, *NVsg.*; **lachain**, *Asg.*

laë *io, n.* day; **laë**, *Asg.*; **cach n-óenlaë**, every single day; *also* → **cach**, **óen**[L]-

lasin → **la**[H]

lasna → **la**[H]

lat → **la**[H]

lebor *o, m.* book; **lebor**, *Nsg.*; **lebor léigind**, reader (book); **cétlebor léigind**, first reader; *also* → **cét**[L]-, **léigend**

leë → **la**[H]

léigend *o, n. (v.n. of* **légaid**) act of reading; **léigind**, *Gsg.*; *also* → **lebor**

léigind → **léigend**

leirg → **lerg**

leis → **la**[H]

lemm → **la**[H]

lerg *ā, f.* hillside; **lerg**, *Nsg.*; **leirg**, *Dsg.*

les *u, m.* profit, advantage; **les**, *Nsg.*; *also* → **ro·ic**

leth[L]- *pref. adj.* half; *also* → **lethscrepull**

lethar *o, m./n.* leather; **lethar**, *Asg.*

lethscrepull *o, m.* half screpul (a unit of currency), tuppens;

lethscrepull, *NADsg.*; *also* → **leth**[L]-, **screpull**

leü → **la**[H]

lín *o, n.* web; **lín**, *NAGsg.*; *also* → **cét**[L]-

liter *i, f.; irr.* letter of the alphabet; *in pl.*, art of writing; **litri**, *Apl.*

litri → **liter**

llomain → **loman**

·llúaidi → **lúaidid**

·lluíther → **luïthir**

lochaid → **luch**

lochain → **lachu**

lochu → **lachu**

loisc → **loiscid**

·loiscfea → **loiscid**

loiscid *W2* to burn; **loisc**, *impv. 2sg.*; **·loisciub**, *fut. 1sg.*; **·loiscfea**, *fut. 3sg.*

·loisciub → **loiscid**

lomain → **loman**

loman *ā, f.* rope; **loman**, *NVsg.*; **lomnae**, *Gsg.*; **lomain**, *Asg.*

lomnae → **loman**

loscud *u, m. (v.n. of* **loiscid**) act of burning; **loscud**, *Nsg.*

lotar → **téit**

lúad *u?, m. (v.n. of* **lúaidid**) act of moving; **lúad**, *ADsg.*

lúaidid *W2* to move; **lúaidiu**, *1sg.*; **·lúaidi**, *2sg.*

lúaidiu → **lúaidid**

luch *t, f.* mouse; **luch**, *NVsg.*; **lochaid**, *ADsg.*; **luch frangcach**, rat; *also* → **frangcach**

luid → **téit**

luífer → luïthir

luïthir *H3* to fly; **luür**, *1sg.*;
  ·**luíther**, *2sg.*; **luífer**, *fut. 1sg.*

luüd *u, m.* (*v.n. of* **luïthir**) act of
  flying; **luüd**, *Dsg.*

m' → mo^L

macc *o, m.* boy; **macc**, *NAsg.*;
  maicc, *Vsg.*

maicc → macc

maidid *S2* to break; **maidid**,
  3sg.; **maidid a nnem**, the sky
  is falling; *also* → **nem**

·mairbfea → marbaid

·mairbiub → marbaid

marb → marbaid

marbad *u, m.* (*v.n. of* **marbaid**)
  act of killing; **marbad**, *Asg.*

marbaid *W1* to kill; **marb**,
  impv. 2sg.; ·**mairbiub**, *fut.
  1sg.*; ·**mairbfea**, *fut. 3sg.*

mbairgin → bairgen

mbairgine → bairgen

mbic → bec

mboin → bó

meilid *S1* to grind; **nos·mmelt**,
  *pret. 3sg. + -***s**^N, *A inf. pron.
  3sg.f.*; **mélas**, *fut. rel. 3sg.*;
  noda·méla, *fut. 3sg. + -***da**^H, *C
  inf pron. 3sg.f.*

meisse *indep. emphc. pron. 1sg.*
  me

méith → méth

mélas → meilid

méth *o, ā* fat; **méith**, *Npl.m.*

méthad *u, m.* (*v.n. of* **méthaid**)
  act of fattening; **méthad**, *Asg.*

mmuicc → mucc

mo^L *poss. 1sg.* my; **m'**, before a
  vowel

móir → mór

mór *o, m.* big; **mór**, *NAsg.m.*;
  móir, *Vsg.m.*; **móra**, *Apl.f.*;
  dermór, very big; **dermór**,
  Nsg.m.; *also* → **der**^L-

móra → mór

mucc *ā, f.* pig; **mucc**, *NVsg.*;
  muicce, *Gsg.*; **muicc**, *ADsg.*

muicc → mucc

muicce → mucc

ná· *neg. impv. part.* don't

nábad → is

nacham·ethat → ithid

nacham·ith → ithid

nád· *neg. rel. part.* not

nammá *adv.* only

na·n-ith → ithid

na·snáüb → snaïd

ndegaid → i ndegaid

·ndordai → dordaid

·n-eipert → as·beir

nem *s, n.* sky; **nem**, *Nsg.*; *also* →
  maidid

ngobainn → gobae

ngráinni → gráinne

ní· *neg. part.* not

-ni *emph. part. 1pl.*

nídat → is

ním·ísa → ithid

nob·guidiu → guidid

noda·biï → benaid

noda·ísa → ithid

noda·méla → meilid

noí^N *card.* nine

nom·chroith → croithid

no·reithed → reithid

nos·cíuir → crenaid
nos·mbí → benaid
nos·mmelt → meilid
not·guidiu → guidid
no·tibed → tibid
not·ís → ithid
ó[L] *prep.* + *D* from, away from;
  with *art.*: ón, *Dsg.m./f./n.*;
  ónt, *Dsg.m./f.*; *conjp.*: úaimm,
  1sg.; úait, *2sg.*; úad, *3sg.m.*;
  úadi, *3sg.f.*; úadaib, *3pl.*
oc *prep.* + *D* at; with *art.*: ocint,
  Dsg.m./f.;
ocint → oc
ocus[L] *conj.* (*abbreviated* "⁊")
  and
óen[L]- *pref. card.* one, single;
  also → cach, laë
óenlaë → cach, laë, óen[L]-
Ogaim → Ogam
Ogam *o, m.* Ogam Alphabet;
  Ogaim, *Gsg.*
oínc *onom.* oink
ol *def. verb* says, said
ón → o[L]
ónt → o[L]
oöl *o, m.* (*v.n. of* ibid) act of
  drinking; oöl, *Asg.*
pattu *n, m.* hare; pattu, *NVsg.*
ráith → reithid
·ráith → reithid
·ranus → anaid
ráthatar → reithid
·reg → téit
·rega → téit
reithid *S1* to run; rethu, *1sg.*;
  ·reith, *2sg.*; riuth, *impv. 1sg.*;
  retham, *impv. 1pl.*; ráith,

·ráith, *pret. 3sg.*; ráthatar,
  pret. 3pl.; ro·ráth, *perf. 1sg.*;
  ro·ráith, *perf. 3sg.*; ro·rráith,
  perf. rel. 3sg.; ro·riuth, *pot.*
  1sg.; ro·reith, ·roraith, *pot.*
  2sg.; no·reithed, *impf. 3sg.*;
  ressa, *fut. 1sg.*
remrád *o, m.* forward, preface;
  remrád, *NAsg.*
ressa → reithid
retham → reithid
rethu → reithid
rí *g, m.* king; ríg, *Dsg.*
·riciub → ro·ic
ríg → rí
rindaid *W1* to carve, to incise;
  ro·rind, *perf. rel. 3sg.*
riuth → reithid
ro·ánaic → ro·ic
ro·áncatar → ro·ic
ro·cluinethar, ·cluinethar *S3* to
  hear; co·cúalae, *pret. 3sg.*;
  co·cúalatar, *pret. 3pl.*;
  ro·cúala, *perf. 1sg.*
ro·crenaimm → crenaid
ro·croithiu → croithid
ro·cúala → ro·cluinethar
rod·scríbsat → scríbaid
ro·fetar → ro·fitir
ro·fitir *S3* to know; ro·fetar,
  1sg.; ·fetar, *2sg.*
ro·fotaigther → fotaigidir
ro·ic, ·ric *S1* to reach; rom·ic,
  3sg. + -m[L], *A inf. pron. 1sg.*;
  ro·ánaic, *pret. 3sg.*; ro·án-
  catar, *pret. 3pl.*; ·riciub, *fut.*
  1sg; ro·ic les (+ *G*), to need;
  with *inf. pron.*: rom·ic les

uisci, I need water; with *poss.*:
  rom·ic a lles, I need them
roithid *W2* to make run;
  ro·roithiu, *pot. 1sg.*
rom·ic → ro·ic
ro·ráith → reithid
·roraith → reithid
ro·ráth → reithid
ro·reith → reithid
ro·rind → rindaid
ro·riuth → reithid
ro·roithiu → roithid
ro·rráith → reithid
ro·snáu → snaïd
rrega → téit
·rreith → reithid
rúad *o, ā* (dark) red; rúad,
  Asg.m.
-sa *emph. part. 1sg.*
sair síar *advl. phr.* back and
  forth
scél *o, n.* story; gnáthscél, well-
  known story; gnáthscéla,
  Apl.; also gnáth[L]-
screpull *o, m.* unit of currency
  equal to 3 pinginn; scripull,
  Dsg.; screpull, *Asg.*
scríbaid *W1* to write;
  rod·scríbsat, *perf. rel. 3pl.* +
  -d[N], *C inf. pron. 3sg.m.*
scripull → screpull
-se *emph. part. 1sg.*
secht[N] *card.* seven
séimigidir *W2* to lenite;
  séimigtir, *pass. 3pl.*
séimigtir → séimigidir
sen[L]- *pref. adj.* old; *also* → ben,
  cerc, fer

senben → ben
sencherc → cerc
senfer → fer
senfir → fer
senfiur → fer
sengán *o, m.* ant; sengán, *NAsg.*
Sengoídelc *ā, f.* Old Irish; Sen-
  goídilce, *Gsg.*; Sengoídilc,
  Asg.
Sengoídilc → Sengoídelc
Sengoídilce → Sengoídelc
senmnaí → ben
-si *emph. part. 3sg.f./2pl.*
-side *anph. pron.* the afore-
  mentioned
-sin *dem. part.* that
sin *dem. pron.* that
sinnach *o, m.* fox; sinnach,
  NADsg.; sinnaig, *VGsg.*
sinnaig → sinnach
sinnséir → sinnsér
sinnsér *o, m.* ginger; sinnséir,
  Gsg.
sissi *indep. emphc. pron. 2pl.*
  you
-siu *emph. part. 2sg.*
slaitt → slatt
slaitte → slatt
slatt *ā, f.* rode, stick; slatt,
  NVsg.; slaitte, *Gsg.*; slaitt, *Asg.*
sléibe → slíab
slíab *s, n.* mountain; sléibe,
  Gsg.
slicht *u, m.* version; slicht, *Nsg.*
snaïd *H2* to swim; ro·snáu, *pot.
  1sg.*; na·snáüb, *fut. 1sg.* + -a[N],
  A inf. pron. 3sg.m.

snám *u, m.* (*v.n. of* **snaïd**) act of
   swimming; **snám,** *Asg.*
soirdfea → **sordaid**
-som *emph. part. 3sg.m./n., 3pl.*
·sordai → **sordaid**
sordaid *W1* to hum; **sor-**
   daimm, *1sg.;* **·sordai,** *2sg.;*
   soirdfea, *fut. 1sg.*
sordaimm → **sordaid**
sordán *o, m.* (*v.n. of* **sordaid**)
   act of humming; **sordán,** *Dsg.*
srúb *u, n.* snout; **srúb,** *Asg.*
srubáin → **srubán**
srubán *o, m.* thin, small loaf;
   srubán aigin, pancake; *also*
   → **aigen**
sruth *u, m.* brook, torrent;
   sruth, *Asg.*
·strídai → **strídaid**
strídaid *W1* to chirp; **strí-**
   daimm, *1sg.;* **·strídai,** *2sg.;*
   strídfea, *fut. 1sg.*
strídaimm → **strídaid**
strídend *o, n.* (*v.n. of* **strídaid**)
   act of chirping; **strídund,** *Dsg.*
strídfea → **strídaid**
strídund → **strídend**
-su *emph. part. 2sg.*
súas anúas *advl. phr.* up and
   down
súil *i, f.* eye; **súilib,** *Dpl.*
súilib → **súil**
tabair → **do·beir**
tabairt *ā, f.* (*v.n. of* **do·beir**) act
   of giving, bringing, getting;
   tabairt, *Nsg.*
tacht → **tachtaid**

tachtad *u, m.* (*v.n. of* **tachtaid**)
   act of hanging, chocking;
   tachtad, *ADsg.*
tachtaid *W1* to hang, to choke;
   tacht, *impv. 2sg.;* **tachtair,**
   pass. 3sg.; **·tachtub,** *fut. 1sg.;*
   ·tachtfa, *fut. 3sg.*
·tachtfa → **tachtaid**
·tachtub → **tachtaid**
taibrid → **do·beir**
tair → **do·tét**
talam *n, m.* earth; **talmain,** *Asg.*
talmain → **talam**
tar *prep. + A* over, across; with
   art.: **tarsin,** *Asg.m.;* **tarsa,**
   Asg.n.; with *poss.:* **mo**[L], **tarmo**
tarmo → **tar**
tarsa → **tar**
tarsin → **tar**
tech *s, n.* house; **tech,** *NAsg.;*
   taig, *Dsg.*
techt *ā, f.* (*v.n. of* **téit**) act of
   going; **techt,** *NAsg.*
teine *t, m.* fire; **teined,** *Gsg.;*
   teinid, *Asg.*
teined → **teine**
teinid → **teine**
téit *S1* to go; **eirg,** *impv. 2sg.;*
   ·digthimm, *pot. 1sg.;* **·reg,** *fut.*
   1sg; **·rega,** *fut. 3sg.*
th' → **do**[L] *poss.*
thaig → **tech**
tibid *W2* to laugh; **tibis,** *pret.*
   3sg.; **no·tibed,** *impf. 3sg.*
tibis → **tibid**
titul *o, m.* title, heading; **titul,**
   Gpl.; also → **clár**

topar *u, m.* spring; **topar**, *Nsg.*;
  topur, *Dsg.*
topur → **topar**
trá *adv.* then, so
trebthach *o, m.* farmer;
  trebthach, *NADsg.*
tri[H] *card.* three
tú *indep. pron. 2sg.* you
·tuidchetar → **do·tét**
úad → **ó**[L]
úadaib → **ó**[L]
úadi → **ó**[L]
úaim → **úam**

úaimm → **ó**[L]
úait → **ó**[L]
úam *ā, f.* den; **úaim**, *Asg.*
úar *ā, f.* hour; **úaraib**, *Dpl.*,
  sometimes
úaraib → **úar**
uisce *io, m.* water; **uisce**, *NAsg.*;
  uisci, *VGsg.*
uisci → **uisce**
⁊ *abbreviation for* → **ocus**[L]